56

D0895959

8 50

GABRIELA MISTRAL

Cuadernos de Texto crítico

Director: *Jorge Ruffinelli*

1. Durand, Rama, Monsiváis, Oviedo, Donoso, Chumacero, Galindo, Mejía Sánchez, Posada, Sendoya, Solares, Vázquez-Azpiri, Curiel, Ruffinelli: MONTERROSO.

2. Renato Prada Oropeza: LA AUTONOMIA LITERARIA (Formalismo ruso y Círculo Lingüístico de Praga).

3. Sáinz, Poniatowska, Hernández, Ortega, Solares, Padres, García Flores, Tejera, Castro, Schneider, Castro, Díaz Ruanova, Frankenthaler: CONVERSACIONES CON JOSE REVUELTAS.

4. Evelyn Picon Garfield: CORTAZAR POR CORTAZAR.

5. Joseph A. Feustle: MISTICA Y POESIA (Darío, Jiménez y Paz).

6. Barthes, Brandt, Coquet, Genette, Gothot-Mersch, Greimas, Jitrik, Kristeva, Searle, Todorov, Volek: LINGÜISTICA Y LITERATURA.

7. Javier Sasso: SOBRE LA SOCIOLOGIA DE LA CREACION LITERARIA (Examen de las tesis de Lucien Goldmann).

8. Margo Glantz: REPETICIONES (Ensayos sobre literatura mexicana).

9. Díaz-Casanueva, Earle, Rivero, Von dem Bussche, Gazarian, Florit, Alegría, Concha, Giordano, Taylor, Loveluck, Rudd, Lastra, Rodríguez Monegal, Goic, Rojas: GABRIELA MISTRAL.

Humberto Díaz-Casanueva, Peter Earle, Eliana Rivero,
Gaston von dem Bussche, Marie-Lise Gazarian,
Eugenio Florit, Fernando Alegría, Jaime Concha,
Jaime Giordano, Martín Taylor, Juan Loveluck,
Margaret T. Rudd, Pedro Lastra, Emir Rodríguez
Monegal, Cedomil Goic, Gonzalo Rojas.

GABRIELA MISTRAL

Introducción de Mirella Servodidio y Marcelo Codduo

Centro de Investigaciones Lingüístico-Literarias
Instituto de Investigaciones Humanísticas
UNIVERSIDAD VERACRUZANA

ISBN 968-5054-42-8

PRESENTACION

El volumen que presentamos reúne la suma de trabajos leídos en el simposio que con una beca del National Endowment for the Huanities se celebró en Barnard College, en abril de 1978, con el título "Una Reevaluación de Gabriela Mistral dos Décadas después de su Muerte".

La entrañable amistad entre Gabriela Mistral y Barnard data de 1922, año en que el Instituto de las Españas de la Universidad —con el auspicio de los Departamentos de Español Barnard y de Columbia— publicó el primer libro del poeta, *Desolación*. Esta relación amistosa se estrecharía aún más cuando en 1930 la Mistral aceptó el cargo de Profesora Visitante en Barnard, donde dictó cursos de Literatura y Cultura Hispanoamericanas. Fue también al Departamento de Español que habría de regresar brevemente en 1946, poco después de recibir el Premio Nobel, oportunidad en que la conoció Doris Dana, egresada de Barnard dos años antes y que sería posteriormente secretaria y compañera inseparable de Gabriela hasta la muerte de ésta.

Debido a los enlaces íntimos entre la Mistral y Barnard, Doris Dana, albacea de Gabriela, donó en 1977 a nuestro College mil volúmenes de la biblioteca personal del poeta, considerando que Barnard era el sitio de resguardo más apropiado para tan precioso material.

Para el estudioso interesado en aprehender la interioridad del pensamiento mistraliano e informarse de las lecturas preferidas del poeta y así trazar la intrahistoria personal de sus últimos años de fecunda labor, constituye esta colección una fuente de trabajo irreemplazable. Muchos de los volúmenes llevan la huella de los pasos que por ellos diera Gabriela, desde el simple subrayado —tan sugerente— al comentario marginal hecho de su propia mano. Otros, sin marca alguna, brindan también, con su sola presencia, muestra de lo que fueran autores y temas dilectos de la Mistral. Un conciso y muy útil catálogo de la colección fue publicado en 1978 por la biblioteca de Barnard quedando documentado así su valor.

Convencidos, al igual que Doris Dana, que la Colección ofrecía una nueva dimensión a las investigaciones mistralianas, quisimos inaugurar su uso con un simposio que reuniera a estudiosos y poetas representativos de diversas generaciones y tendencias. Llamamos, entonces, a un grupo de *enseñantes de lengua y poesía*, de esos que, en el decir de la propia Gabriela, poseen "una inteligencia bañada en leches de sensibilidad".

Nuestro propósito fue el reevaluar su obra, situándola en las líneas de conexión con la literatura en que ella se formó, y con aquélla que surge, en algunos sentidos, relacionada a la suya. Queríamos verla desde perspectivas nuevas, con procedimientos y criterios diferenciados —complementarios y, quizá, contradictorios— que abarcaran facetas varias de su producción.

El volumen que presentamos reúne los trabajos leídos en esa ocasión. Los ofrecemos sin alteraciones, tal como fueron preparados por sus autores. Un grupo de ensayos sitúa la poesía mistraliana en sus contextos críticos —el de Peter Earle— y estudia el ámbito de sus relaciones con diferentes promociones poéticas o con poetas individuales —los de Eliana Rivero, Jaime Giordano, Juan Loveluck, Martin Taylor, Margaret Rudd y Pedro Lastra. A aspectos específicos de la poesía de Gabriela atiende un segundo conjunto de ensayos —los de Gastón von dem Bussche, Marie-Lise Gazarian y Jaime Concha. Por su parte, Cedomil Coic, Emir Rodríguez Monegal y Fernando Alegría centran sus estudios en el análisis de una obra selecta. Todos ellos en conjunto, estimamos, ofrecen una visión válida y actualizada sobre muchos aspectos de interés que presenta la obra mistraliana.

También se incluye una apreciación de Gabriela formulada por tres poetas. La faceta humana, apoyada en recuerdos personales, está presente en las páginas de Humberto Díaz-Casanueva, amigo por años de la autora de *Lagar*. Poeta también, y adelantado en la valoración cabal de la poesía de Gabriela, Eugenio Florit reitera, a pedido nuestro, su estudio ya clásico, que conserva toda su vigencia. Gonzalo Rojas, de cuyo libro *La Miseria del Hombre* Gabriela Mistral dijera "me ha *tomado* mucho, me ha removido y, a cada paso, admirado", cierra el volumen con su hermoso "Recado del Errante".

Gabriela, maestra ejemplar, renegó siempre del profesor *incapaz de juicio y mesura* y le paeció vitud "el pudor intelectual que evita el dogmatismo y afirma raramente y sin puño cerrado". Creyó *manejadores dignos de la poesía* al "explicador que no es nunca un pulverizador del poema orgánico" y al "jerarquizante que repugna la enumeración aritmética de escritores". Responden a estos criterios suyos los poetas y estudiosos autores de los ensayos aquí reunidos.

Sólo muy recientemente, cuando tal obligación se hacía ya impostergable, se ha comenzado a avanzar en la tarea de reunir y publicar en libro la cuantiosa obra mistraliana dispersa. A esa labor se imponía unir la del estudio que supiera situar con precisión, en el desarrollo de la literatura de *nuestra América*, la ya conocida. Hoy se edita este volumen como una contribución que ayude a cubrir tal necesidad.

Nueva York, febrero de 1980.

MIRELLA SERVODIDIO

MARCELO CODDOU

8

EVOCACION DE GABRIELA MISTRAL

por Humberto Díaz-Casanueva

Si no me equivoco, ayer 7 de abril fue el aniversario del nacimiento de Gabriela Mistral. Maravillosa coincidencia. Gabriela Mistral está siempre naciendo, renaciendo, y cada generación considera su magnitud y su significación, conforme a sus preocupaciones. No debemos solamente penetrar en los diversos aspectos de su obra literaria sino percatarnos también de la trascendencia de su personalidad. Creación y vida se funden en ella, como ocurre, por ejemplo, en Martí y tantos otros escritores o pensadores latino-americanos.

Después del llamado "modernismo", cabe señalar que en América Latina el poeta ha ahondado los problemas inherentes a la evolución del poema; a la vez que las tensiones entre la realidad y el hombre angustiado, marginado o alienado; entre las presiones de una sociedad en crisis y el surgimiento de un nuevo humanismo que substituye al estéril y académico, sin que por ello el escritor se limite, y pierda el sentido de lo universal o ahogue los impulsos de su libre imaginación creadora.

Este fenómeno repercute en diversos planos, por ejemplo, el lenguaje. El español ha adquirido, desde el "modernismo", y gracias al aporte latinoamericano, una nueva vitalidad. Ya Rubén Darío le había comunicado a la lengua, sensibilidad, brillo, exotismo. En Gabriela Mistral se calman los fuegos del "modernismo" y se pasa a una expresión más ruda y austera. Ella aproxima la escritura al sentimiento popular, restituye al español valores, a veces arcaicos, exalta su propia tradición, ennoblece tanto el verso como la prosa; se aleja de los héroes y símbolos greco-romanos, de las princesas y las marquesas, de la belleza abstracta simbolizada en aquel verso de Darío: "el abrazo imposible de la Venus de Milo". Más tarde Neruda escribirá su manifiesto en favor de lo "impuro" como categoría poética. Pero no quiero tocar temas que otros, con mayor autoridad, profundizarán en sus análisis. Hago esta mención porque, al recordar a Gabriela, siento una extraña similitud entre su verso ascético, especialmente en sus últimos libros, de ritmos graves y quebrados o danzantes, y su enderezada, majestuosa figura, caminando como una profetisa en un templo antiguo, vestida casi de túnicas, sin adornos ni atavíos, absorta en lo más esencial de la tierra.

Ella buscó siempre la autenticidad en relación con un nuevo sentido de la existencia, que surgía, no de las torres de marfil, sino de lo convivencia con el pueblo y la aproximación casi táctil con las substancias materiales de la naturaleza. Así surgen en ella preocupaciones fundamentales: el niño, la mujer, los indios, o sea los olvidados, todo aquello que constituye el llamado Tercer Mundo, para el cual seguimos pidiendo, cada vez con mayor apremio, justicia social. Podríase tomar como ejemplo "la vida rural". Algunos poetas nos habían ofrecido, de nuestro continente, una Arcadia, un paisaje bucólico, algo parecido al dulce Angelus de Millet. Pero luego surgieron otros como Pezoa Véliz o Baldomero Lillo en Chile, que denuncian la explotación y el envilecimiento de campesinos y mineros. Gabriela Mistral, en México, tiene que haber recibido la influencia de la revolución agraria, y haberse convencido que en varios países nuestros el problema agrario resulta de una discriminación racial, a la vez que se enraiza en una terrible desigualdad socioeconómica.

Vi a Gabriela Mistral por primera vez en una institución magisterial denominada la "Asociación de Profesores". Yo estudiaba en el Instituto Pedagógico de la Universidad y trabajaba como maestro en una escuela primaria. Estábamos dominados por un romanticismo pedagógico, creyendo que la libertad del niño, la renovación de los sistemas didácticos y el reconocimiento de la dignidad de los maestros, constituían una solución para muchos problemas de la cultura y de la sociedad. Eramos francamente revolucionarios sin pertenecer a partido alguno. Editábamos revistas, organizábamos exposiciones de pinturas infantiles espontáneas, hacíamos desfiles en el centro de la ciudad, íbamos a los sindicatos obreros. Nos perseguían las autoridades y a veces nos encarcelaban. Eramos un taladro en la cerrada sociedad burguesa de aquel tiempo. Gabriela llegó a nuestro lado con gran valentía. Llegó de improviso, tomó asiento en medio de nosotros, y se puso a discutir toda clase de problemas. Vi una mujer alta, bella, hablando con una voz calmada, rústica, y con un acento que parece había condensado todos los acentos indígenas de América. No siempre estuvo de acuerdo con nosotros, pero su sola presencia, su adhesión constituían para nosotros un estímulo; para otros, un escándalo. Pasaron los años y siempre quedó el eco de su visita como una honra y una extensión de nuestro horizonte. Si Vasconcelos realizó una reforma pedagógica y una campaña contra el analfabetismo lanzando millares de libros de Platón o Plutarco a las masas, comenzamos a comprender que la reforma de la educación, siendo fundamental, tenía que conjugarse con la nutrición y la salud del niño, el estímulo a sus vocaciones, la seguridad de que no desertarían de la escuela antes de tiempo, la reforma agraria, la seguridad de encontrar un trabajo, el mejoramiento de niveles de vida de los trabajadores, el afianzamiento de la democracia, el respeto a los derechos humanos, tanto civiles como económicos y sociales. Han pasado muchos años. Gabriela —si en estos momentos sueña dentro de su muerte— tal vez pensará que en América Latina se han obtenido las conquistas que ella anhelaba. Desgraciadamente —sin que yo sea pesimista y niegue ciertos avances—, todavía subsisten en la América Latina el analfabetismo, la miseria y la opresión.

Recuerdo que cuando Gabriela Mistral obtuvo el Premio Nobel, fue recibida en Santiago con un entusiasmo extraordinario. El Presidente de la República la invitó a aparecer en el balcón de la Casa Presidencial, y le pidió que hablara a los miles y miles de personas que la aclamaban. Y ella —¡la pobre!, eternamente distraída como fue— dijo que se felicitaba de que por fin en Chile se hubiera realizado la reforma agraria. El público quedó desconcertado y el Presidente, confundido, porque en las zonas rurales subsistían las grandes haciendas (latifundios), los patrones y los siervos de la gleba. Esta equivocación de Gabriela, inocente o sutil, quedó, sin embargo, como un fuego encendido en el corazón del pueblo chileno.

Le gustaba discutir conmigo porque me encontraba demasiado empapado en filosofía que yo había estudiado en mis largos años en Alemania; o sea, para ella me faltaba el suficiente contacto terrestre. Durante un tiempo fui profesor de Psicoanálisis en la Universidad de Chile. Pero Gabriela, aunque aceptaba, por supuesto, la existencia del inconsciente y la simbología del sueño, jamás aceptó que Freud pusiera énfasis en la sexualidad infantil y aún afirmara que las neurosis tenían sus raíces en los más tiernos años. Para ella, el niño era la plenitud de la inocencia y de la pureza angelical, sin mancha. No quería internarse en los intrincados caminos de la psicología infantil, pero sí pedía la comprensión y la asistencia de la sociedad para el niño, la madre pobre, la madre más triste, la madre soltera. Yo no quiero decir que los niños de Chile andan ahora con zapatos por el famoso poema de Gabriela "Piececitos de niño", pero no hay duda que el clamor y la ternura con que señala a los niños descalzos y entumidos, caminando en el agua y en el barro de los barrios populares, en un invierno tan inclemente como el de Chile, han contribuido a conmover a nuestra sociedad.

En aquellos años, Gabriela se atormentaba por algunos problemas religiosos. Hablamos mucho de budismo: los tipos de meditación budista, la reencarnación, el rebirth, aunque Buda no creía en un dios fundamental. Me aconsejaba no leer jamás libros fáciles de teosofía sino irme directamente a las fuentes, o sea a los grandes libros o grandes poemas de las religiones antiguas. Ella me regaló una Biblia, vieja y gastada, traducción de la Vulgata Latina que siempre me ha acompañado —la Biblia ejercía fascinación sobre ella, tanto en el contenido como en ciertas traducciones que conservaban el primitivismo del lenguaje. Gabriela tenía algo de la mujer fuerte del Antiguo Testamento, escuchando los salmos o Job sin que por ello no escuchara la exhortación de los Evangelios.

Ella decía que sus maestros, especialmente en prosa, habían sido la Biblia y las cartas de Martí, y a través de Martí, Gracián. Yo estoy plenamente convencido de que Gabriela es uno de los más grandes prosistas de la América Latina en nuestro siglo. Se ha estudiado mucho su verso, pero no tanto su prosa. No me refiero al poema en prosa como en Rimbaud o Lautreamont, sino a cierta prosa, podríamos llamarla provisionalmente periodística, en la cual relampaguea la poesía, como también en la epistolar. La nueva retórica trata de revisar los viejos cánones sobre la prosa. A este propósito siempre lamentaré que Valéry haya prologado a Gabriela en francés, un Valéry que no podía entenderla. Debió haber sido un Claudel, con sus versículos. Me viene un mal recuerdo. Cierto importante diario, en que colaboraba Gabriela, súbitamente le rechazó sus escritos. Esto la mortificó mucho. A causa de medida tan mezquina, perdimos un gran caudal de la prosa de Gabriela.

En cierta ocasión me correspondió ser Jefe de Gabriela: algo muy embarazoso, pero divertido. Yo fui designado Cónsul General en Italia y ella estaba de Cónsul en Nápoles, sin secretaria. Las cuentas consulares no las hacía en verso sino, desgraciadamente, en números, los cuales jamás fueron su fuerte.

Permítanme que les narre una de las anécdotas más deleitables. Cuando recibió el Premio Nobel viajó a Washington, en donde yo me encontraba trabajando en la Embajada de Chile. El Presidente Truman concedió una entrevista a Gabriela y el Embajador me dijo: "vamos, Humberto, para que usted sirva de traductor". Me bajó una gran timidez porque tenía que servir de intermediario entre la potencia intelectual más grande de América Latina y el Presidente de la potencia más grande del mundo. Para tal ocasión tuvimos que convencer a Gabriela que se pusiera en la cabeza un velo enrollado a manera de gorro porque ella no usaba sombrero. Pues bien, Truman nos recibió con una gran sonrisa y dijo: "¡Mucho gusto, señorita Gabriela, ¿cómo está usted?" Ella contestó: "Me complace saludarlo, señor Presidente, estoy muy bien." Truman siguió: "La felicito por el Premio Nobel." Gabriela le contestó: "Muchas gracias, señor Presidente." Truman continuó: "¿Le gusta Washington?" Ella dijo: "Sí, mucho." Yo comencé a darme cuenta que mi labor se estaba poniendo no fácil sino trivial hasta que Gabriela, como ella acostumbraba, quiso trascender lo convencional con un gran estallido. Y Gabriela dijo: "Señor Presidente, ¿no le parece una vergüenza que siga gobernando en la República Dominicana un dictador tan cruel y sanguinario como Trujillo?" Truman, por supuesto, no contestó, limitándose a una ancha sonrisa. Pero Gabriela siguió: "Yo quisiera perdirle algo, señor Presidente: un país tan rico rico como el que usted dirige, debería ayudar a mis indiecitos de América Latina que son tan pobres, que tienen hambre, que no tienen escuela." Truman volvió a sonreírse sin decir nada, el Embajador se puso nervioso y también el Jefe del Protocolo. Había que buscar una salida para terminar la entrevista. Y llamaron al fotógrafo, quien nos dijo: "Todos ustedes deben aparecer mirando al Presidente y sonriendo." Y así quedamos para la posteridad.

Invité a Gabriela a comer en mi pequeño departamento en Washington. Asistió gustosa en compañía de varios amigos. Vacilé mucho en invitar a Juan Ramón Jiménez, pero lo hice. Entre ambos había cierta tensión. Pero lo que me inquietaba era que ambos eran grandes charladores, más bien monologadores. La comida podría resultar una batalla verbal, pero Juan Ramón se calló y habló Gabriela, habló habló hasta el amanecer acunándonos con su voz y la magia de su imaginación, y fumando cigarrillo tras cigarrillo.

12

Tomaba el cigarrillo como las mujeres campesinas fumando hasta que le quedaba entre los dedos algo como un dedal lleno de ceniza.

Yo vi morir a Gabriela. Experiencia horrorosa porque su agonía fue muy larga. Yo sentía cómo luchaba con todo su ser contra aquella fuerza extraña e invencible que ella había cantado aproximándola al amor. Recuerdo luego haberla visto en la casa funeraria después del maquillaje que en este país le hacen a los muertos. Ella que jamás usó rouge tenía los labios pintados. Había muchas flores. Yo le puse sobre su corazón una rama de trigo. Más tarde Gabriela fue arrebatada a los poetas y entregada a los personajes oficiales, a los diplomáticos, a los cardenales, a caballeros muy graves de elegante luto. Pero ella reposa en su valle, en el corazón de su pueblo. Mejor dicho, ella no reposa, ella nos vigila, nos empuja, nos obliga. Nos recuerda que la poesía es la imagen del amor más dramático y amor mezclado con tragedia o con protesta, pero es también una misión, un mensaje, un estremecimiento del espíritu angustiado y extraviado, un dedo de luz palpando el gozo o la desgracia o el enigma del universo. Rendir un homenaje tan hermoso como el que ustedes rinden a Gabriela es henchirse de fuerza para encontrarle un verdadero sentido a la vida presente.

GABRIELA MISTRAL:
LOS CONTEXTOS CRITICOS

por Peter Earle

El título es un eufemismo, casi un engaño. En torno a Gabriela Mistral los contextos cíticos apenas existen. O bien, los que existen han tenido el efecto de limitar más que estimular el libre examen de su obra. Por un lado, Gabriela Mistral ha sufrido el elogio indisciplinado de muchos críticos e historiadores. "Las obras que todos admiran son las que nadie examina", dijo Anatole France, y su sentencia sirve de epígrafe a los *Estudios sobre Gabriela Mistral* (1935) de Raúl Silva Castro. Por otro lado, la dificilísima accesibilidad de mucho material inédito de la poetisa ha resultado en su relativo olvido y la ha mantenido en el nivel de poeta secundario. Figura de renombre, permanece aún en la periferia de la historia y de la crítica literaria. En la cita de Anatole France se expresaba un presentimiento de la ambigua concepción de la obra de Gabriela Mistral hasta nuestros días. Hoy como ayer los lectores no académicos se acercan a su poesía como a un templo luminoso. En cambio los profesores y los críticos nos inclinamos a soslayarla, entre otras razones, porque es menos clasificable que los grandes poetas de movimiento o de escuela.

Los contextos de la crítica mistraliana han sido, hasta ahora, inevitabilidades. Esas inevitabilidades son cuatro: 1) la chilena e hispanoamericana; 2) la religiosa; 3) la femenina, y 4) la biográfica. Esas cuatro inevitabilidades reflejan la esencia de su obra y de su persona, al mismo tiempo que en el mundo cruel de la crítica la perjudican. Entre todos los poetas de su época, Gabriela Mistral es la más disminuida por sus contextos. El Premio Nobel de 1945 fue motivo de discursos y festejos y de un renovado interés publicitario, pero los contextos quedaban inflexibles; y Gabriela siguió siendo prisionera de ellos. Compáresela con Neruda, el menos restringido por sus contextos. Sin duda porque él, con Octavio Paz, T. S. Eliot, Ezra Pound, Paul Valéry, Vicente Huidobro y la generación española de 1927, forman parte de lo que Paz ha llamado la tradición moderna. El término no es invención de Paz, sino de Harold Rosenberg, quien en 1959 publicó un libro de ensayos, *The Tradition of the New*. La tradición de lo nuevo encierra una "ruptura con la tradición" misma. Según Rosenberg, para 1959 la ruptura había durado lo suficiente para producir su propia tradición. "Exactly one hundred years have passed since Baudelaire invited fugitives from the too-small world of memory to come aboard for his voyage in search of the new."[1] Ya en 1974, Octavio Paz anuncia el fin de ese viaje (véase *Los hijos del limo*), pues ni el mundo de la naturaleza ni la historia del porvenir promete novedades. Lo nuevo se halla reducido al ámbito del lenguaje. Durante el medio siglo de su intensa labor lírica desde *Crepusculario* (1923), Neruda sintió el pulso de todos los elementos experimentales de la modernidad. Sucesivamente se dedicó al arte de la Vanguardia, a la épica socialista, ya la nueva en su plenitud. Su obra incitó entre los críticos un sinnúmero de contextos. Neruda tocaba todas las teclas de la música del tiempo y del espacio, y algo asimilaba de todas las tradiciones. Más que nadie, era el poeta de nuestra época; sus imágenes armonizaban con las inquietudes históricas desde la marcha sobre Roma hasta el sacrificio de Salvador Allende.

Gabriela, en cambio, fue poeta del regreso. Cada poema suyo es un alejamiento hacia la infancia o más allá de la tumba. Sus versos son oraciones; busca estar fuera de sí y de su tiempo. Para ella la Naturaleza, íntima al tacto, es la antesala de otro mundo. Gabriela Mistral no era poeta nuevo sino poeta único. Vivió y escribió al margen de los modernos. Los movimientos le tenían sin cuidado. Pudo decir, con mayor razón que Darío, "mi literatura es mía en mí".

Pero todo tiene su precio, incluso la independencia artística, y el precio que Gabriela tendría que pagar se manifestó en la ambivalencia crítica, curiosa mezcla de elogio y de indiferencia, de la inmensa mayoría de las autoridades literarias —más atraídas por movimientos, evoluciones y teorías que por los poetas mismos en su ardiente soledad.

1. EL CONTEXTO CHILENO E HISPANOAMERICANO

En su inevitable estilo, Marcelino Menéndez y Pelayo ofrece una curiosa interpretación predeterminista de la literatura chilena. "Una tribu de bárbaros heroicos gastó allí [en Chile] los aceros y la paciencia de los conquistadores, y manteniendo el país en estado de perpetua guerra, determinó la peculiar fisonomía austera y viril de aquella colonia."[2] Sobre aquel imborrable fun-

---

[1] Harold Rosenberg, *The Tradition of the New* (New York: Horizon Press, 1959), p. 9. Rosenberg agrega, más adelante: "Who ever undertakes to create soon finds himself engaged in creation himself. Self-transformation and the transformation of ohter have constituted the radical interest of our century..." (p. 10). Es de notar que esta preocupación de Narciso, tan fundamental para todos los poetas de vanguardia y para creadores de la nueva poesía y la nueva novela a partir de los años sesenta, fue de poca importancia para Gabriela Mistral.

[2] "Chile", capítulo XI de la *Historia de la poesía hispanoamericana*, II, en *Obras completas* (Santander, 1948), vol. 28, p. 219. Importa observar que este ensayo estaba ya incluido en la extensa introducción de Menéndez y Pelayo a su *Antología de los poetas hispanoamericanos* (1893-1895).

damento histórico se moldearía la moderna cultura chilena. "El carácter del pueblo chileno —teoriza Menéndez y Pelayo—, como el de sus progenitores, vascongados en gran parte, es positivo, práctico, sesudo, poco inclinado a idealidades ... El predominio del positivismo dogmático, triunfante al parecer en la enseñanza oficial durante estos últimos años, contribuye a aumentar la sequedad habitual de la literatura chilena, sólida por lo común, pero rara vez amena." [3] Menéndez y Pelayo y el no tan dogmático Miguel de Unamuno fueron los primeros españoles en intentar sistematizar las letras hispanoamericanas, y los primeros en querer despertar el interés de sus compatriotas en la literatura naciente del Nuevo Mundo. Resulta un poco irónico que Gabriela Mistral, descendiente directa de esa tribu de bárbaros y de los progenitores vascongados, saliese tan sensible e idealista en su modo de ser y en su poesía. Pero aún ganando su independencia espiritual, Gabriela se hallaba aislada —casi se podría decir arrinconada— junto a varios escritores chilenos más. En realidad, pocos chilenos y pocos hispanoamericanos se han librado de su circunstancia regionalista. Neruda, Borges, Paz y García Márquez son excepciones. Hasta ahora, Mistral ha sido inseparable del jardín elquiano de su infancia. La marca criolla ("Vengo de campesinos y soy uno de ellos", etc.) es tan indeleble en ella como en Ricardo Güiraldes o Nicolás Guillén. Por otra parte, la connotación ofrece para el extranjero cierto atractivo, exótico y ancestral a la vez. Así parece haber pensado el poeta Hjalmar Gullberg en el momento de presentar a la premiada ante la Academia Sueca el 16 de noviembre de 1945. En *Tala* Gullberg sentía "the cosmic calm which envelopes the South American land whose fragrance comes all the way to us". ¿"Cosmic calm"? Bueno, lo importante es ver que para Gullberg como para Gabriela al contestarle, la autora de *Tala* estaba allí en Estocolmo en calidad de hispanoamericana y de embajadora espiritual, "la voz directa de los poetas de mi raza y la voz indirecta de las muy nobles lenguas española y portuguesa". [4]

Su americanidad proviene de su valle natal y, después, de su vocación pedagógica. "Ha persistido en mí la *ruralidad* y sigo interesada en la escuela del campo y hasta en la cuestión agraria." [5] Sin duda alguna su vínculo más fuerte con Chile y el continente latinoamericano fue la enseñanza, para ella una forma de sublimar la maternidad que nunca habría de realizar en carne propia; por eso mismo la enseñanza fue de primera importancia y la poesía de segunda en su vida. Al menos en el nivel de las intenciones, aquélla y no ésta fue su verdadera vocación, y es la que coincide con su religiosidad. Fue maestra misionera.

[3] *Ibidem,* p. 218.
[4] *Nobel Lectures (Literatura), 1901-1967* (ed. Horst Frenz), Amsterdam, 1969, pp. 406 y 409.
[5] Gabriela Mistral, *Antología* (Santiago, 1941), p. 10. Citado por Margaret J. Bates, "Gabriela Mistral", *The Americas*, III (1946), pp. 168-189.

2. EL CONTEXTO RELIGIOSO

En su amplio y bien documentado estudio Martin C. Taylor nos recuerda que Gabriela Mistral fumaba y gozaba de la Coca Cola, del vino y del lujo de viajar.[6] Otros ensalzan la leyenda mística (Virgilio Figueroa, *La divina Gabriela;* Benjamín Carrión, *Santa Gabriela Mistral,* y la muy joven Katherine Anne Porter de 1926 con una nota, "Latin America's Mystic Poet"), a pesar de que Gabriela con su triple devoción a Cristo, San Francisco de Asís y Santa Teresa de Jesús no aspiraba a la unión mística, sino a la imitación de sus obras. La constante y compleja religiosidad de Mistral magnificó su leyenda, al mismo tiempo que, desde dentro, dio fuerza y sensibilidad a su poesía. La angustia espiritual de *Desolación* es análoga a la de Unamuno en *San Manuel Bueno, mártir;* el franciscanismo chileno de *Alsino* y de *El hermano asno* es similar al de *Tala*. Su constante interés por el Antiguo Testamento fue completado por sus estudios de la teosofía y del budismo. Taylor explica de esta manera la fuerte atracción bíblica que sintió toda su vida:

> Pero para ella, como para las matriarcas bíblicas, la fecundidad personal era secundaria respecto al papel de la madre como progenitora de una raza. Vivió siempre atenta a las necesidades de los niños desposeídos, lo que le mereció el epíteto de "virgen-madre". La fe firme de Job y su espíritu desafiante frente a los injustos ataques de Dios sugieren un hondo paralelismo con la propia intransigencia de Gabriela, rasgo que la define personalmente y marca su poesía con el sello de la tradición hebraica.[7]

Casi todos los críticos y todas las personas que la conocían atestiguan su intensa búsqueda de Dios con sensibilidad variable, mas no contradictoria. Para su contemporáneo literario Eduardo Barrios, era "un alma de Israel convertida al cristianismo".[8] En su poesía la impaciencia de Job culmina en los sueños de maternidad, en la busca del hijo. El motivo por el cual Gabriela más se distingue de todos sus contemporáneos, y me refiero tanto a los poetas masculinos como a las poetisas, es el religioso: en la ira, la búsqueda y los sacrificios simbólicos forjó su obra. En este contexto sólo Unamuno le es comparable, pero en Unamuno había una tensión epistemológica, el enfrentamiento constante entre razón y fe que le preocupaba poco a Mistral.

3. EL CONTEXTO FEMENINO

El Diccionario de la Real Academia nos ofrece el sustantivo *poeta* en un solo género. O se es poeta, con pantalones, o se es poetisa. Creo que es un hecho conocido en la historia literaria hispanoamericana que ser poetisa se ha

---

[6] *Sensibilidad religiosa de Gabriela Mistral* (Madrid: Gredos, 1975), p. 30.
[7] *Ibidem*, p. 238.
[8] Eduardo Barrios, "El primer libro de Gabriela Mistral", en *Anales* (Santiago), CXV (1957), núm. 106, p. 27, y en Martin C. Taylor, *obra citada*, p. 93.

considerado hasta ahora como estar limitada a competir en una liga atlética femenina. Victoria Ocampo en el plan de guía intelectual y de ensayista y de conferenciante ha podido superar, al menos provisionalmente, esa limitación. Y Gabriela Mistral, menos feminista de inclinación que Ocampo, llegó en momentos culminantes de su vida (los Juegos Florales de Santiago de 1914; la representación de Federico de Onís de su obra en 1922; el Premio Nobel en 1945, etc.) a superarla también. *Alone* (Hernán Díaz Arrieta) la nombró una de *Los cuatro grandes de la literatura chilena del siglo XX.*

Y, sin embargo, Delmira Agustini, Gabriela Mistral, Alfonsina Storni y Juana de Ibarbourou han sido predestinadas por no decir reducidas a formar una cuaternidad de poetisas. Pensar en una de ellas es recordar a las otras tres; cuatro planetas en una órbita menor. Los estudios que se han dedicado a la poesía femenina por regla general han sido buenos y necesarios en su momento; notablemente, *Modern Women Poets of Spanish America* (1945) de Sidonia Carmen Rosenbaum. Y hay por supuesto, como he dicho al principio, inevitabilidad femenina; indiscutiblemente Gabriela embellece y fortalece el sentido de la maternidad en poesía mejor que cualquier hombre.

Pero ha llegado la hora en que un poeta de la magnitud de Gabriela Mistral necesita entrar en órbita mayor, en la de todos los poetas. El ser mujer que escribe significa cierta calidad, cierta perspectiva y cierta sensibilidad, pero no tiene por qué significar una limitación. Este nuevo comienzo para los estudios de la obra de Gabriela Mistral debería señalar el fin del género de la literatura femenina.

4. EL CONTEXTO BIOGRAFICO

Tratándose de una figura de tanto renombre como Gabriela Mistral, la más inevitable de todas las inevitabilidades es la biográfica: en parte porque era maestra y misionera, además de poeta. La firmeza de su vocación, sólo en parte —recordemos— literaria, su energía espiritual y humanitaria, su papel americanista, análogo en cierta manera al de José Martí. Pero Fernando Alegría encuentra una desviación crítica en el acercamiento biográfico. Comentando la *Antología de la nueva poesía chilena* de Jorge Elliott, dice así:

> Por una parte [la crítica] estudia la poesía chilena en un *vacuum,* sin relacionarla con la expresión poética del mundo contemporáneo, limitándose a lo sumo a señalar antojadizas influencias o casuales similitudes temáticas; por otra parte, existe en la crítica chilena la tendencia de ver en la poesía el hecho histórico y no el estético; se estudia, por consiguiente, la biografía del poeta y no su poesía, ni mucho menos el intento teórico de fundamentarla.[9]

---

[9] Fernando Alegría, "Hacia una definición de la poesía chilena", *Atenea* (Santiago), XXXIV (oct.-dic., 1957), núm. 378, p. 170.

El escritor como leyenda —y Gabriela Mistral es evidentemente de las más legendarias— está expuesto a vivir en la imagen y anécdota simplificadoras. El escritor-leyenda es un fantasma absorbido por la fatídica circunstancia de "la vida", no la propia sino la impuesta desde fuera por los demás. Creo, sin embargo, que la tarea primordial del crítico es acercarse en la forma más íntima posible al escritor (escritor, he dicho, no escritura) con el fin de descubrir esa otra vida que determina y expresa su obra. Sin sensibilidad psicológica, sin intuición, no puede haber verdadera crítica. Nosotros, lectores o críticos, tenemos que sentir cómo quiere el poeta vivir en su poema. Frente al escritor-leyenda, el escritor-musa. Aunque las comparaciones son tan odiosas como las clasificaciones que muchas veces salen de ellas, me atrevo a pensar que hay dos grandes clases de poetas: los que toman y los que dan. Para los primeros (Mallarmé, Pound ,Huidobro, Borges) el universo es una enorme feria de infinitas combinaciones. Para los segundos (Whitman, Neruda, Thomas, Mistral) es un infinito regalo humanitario. A los primeros les favorece el cerebro; a los segundos, el corazón. Según el poeta y crítico Donald Hall, la musa (para todos los poetas) es una forma materna, "another survival of infancy, like most of the things that make a poem".[10] Gabriela Mistral nos ofrece esa sobrevivencia en la unión casi perfecta de la maternidad que quiso vivir y la que nos dio —tan completa— en su obra. Grande y tierna en su energía vital, sigue siendo, para la crítica, un enigma. ¿Consecuencia de su labor de sacrificio? ¿Del ego dinámico que más que otro poeta alguno de nuestra época ella supo sublimar? El tiempo y los críticos del futuro dirán. Mientras tanto, cultivemos y honremos su biografía: pero la verdadera, no la anecdótica.

[10] *The Poet as Critic* (Evanston: Northwestern University Press, 1967), p. 85.

PARA UNA ACTUALIZACION DE GABRIELA MISTRAL: CONCIENCIA Y POESIA

por Eliana Rivero

Hay un fragmento, bien intencionado si no de mucha fortuna, que ha sido en parte la motivación de estas páginas. Aunque existía una configuración difusa de este trabajo antes de la lectura del prólogo de Eliseo Diego a las poesías de Gabriela Mistral, nuestro objetivo primario ha de estar necesariamente relacionado a la crítica tradicional que el poeta cubano —en este caso— representa. De él en adelante parte nuestra valoración actualizadora de Gabriela, en lo que ella tiene de madre del idioma nuestro, de hermana mayor de las poetas hispanoamericanas.

... Gabriela Mistral pudo haber sido un poeta excelente, dueño de sus recursos, a no haber estado tan atenta al instinto que la apartaba de la literatura para incorporarla a la historia de la lengua.

Cuando hablamos aquí de imperfección no estamos pensando en los curiosos descuidos que se advierten a lo largo de su obra, como esa irritante coma que en los versos citados interrumpe el impulso del descendimiento, o ciertos giros de palabras, y hasta cambios de ritmo, a que parece echar mano por pura impaciencia. Pues en la relación de las mujeres con la literatura advertimos en seguida tres actitudes fundamentales: una, de inteligente simulación, que produce atildadísimos afectos; otra, que pone las "bellas letras" al servicio de la ternura; y una tercera en que la mujer, arrastrada como a pesar suyo por la necesidad de expresarse, no deja por ello de sentir su innato desprecio hacia los "juegos" del hombre. Que es el caso extremo de Santa Teresa de Jesús, cuando, por orden de un superior y, sin duda, también de sí misma, escribe de un tirón el libro de su vida sin detenerse en melindres de comas, puntos, párrafos o mayúsculas —en acentuado contraste con la viril escrupulosidad de un José Martí, por ejemplo, quien no sólo acepta todas las reglas del juego literario en cuanto al uso de registros, sino que además inventa otros nuevos. Gabriela Mistral resulta en esto hermana de Teresa de Jesús, lo que es bueno tener muy presente, ya que aun en sus mayores dimensiones alcanza su obra pleno sentido sólo cuando la vemos como una obra de mujer.[1]

Este no será el lugar de discernir la validez de tales juicios (lo "viril" de una puntuación correcta o las "tres relaciones" de las mujeres con la literatura); sólo el testimonio de tanto estudio sobre las innovaciones "de registro" hechas en la obra mistraliana ya parecería comenzar a desvirtuar la cita de Diego. Pero quede aquí sin mayor aclaración momentánea, a guisa de fondo reflexivo.

No son pocos los ensayos dedicados a la poesía de Gabriela Mistral que se encargan de justipreciar la zona emotiva más sobresaliente en su temática; esa apasionada verdad personal o colectiva que compone textos de amor filial y maternal, de pasión desesperada por un amante muerto, de compasión humanitaria por un pueblo doliente de labriegos y niños pobres, de americanidad esencialmente hecha en el perfil de un continente agreste, rico, alto de cimas y de nombres. Sin negar el valor intrínseco de la aproximación más divulgada, creemos, sin embargo, que en este momento se impone la necesidad de enfocar desde otro ángulo la obra mistraliana para relacionarla de forma adecuada a esa zona aún más emotiva, vasta y restringida a la vez, que se conoce como "poesía femenina". Varios son los estudios en que, de manera directa o indirecta, se agrupa la obra de Gabriela con la producción lírica de la década de 1916 a 1926; años que vieron aparecer los libros más significativos de Alfonsina Storni (*La inquietud del rosal*, 1916; *El dulce daño*, 1918; *Irremediablemente*, 1919; *Ocre*, 1925) y de Juana de Ibarbourou (*Las lenguas de diamante*, en 1919, y *Raíz salvaje* en el mismo año de *Desolación*, 1922); y en que resonaba aún el eco inicial de la voz de Delmira Agustini hecha póstuma en *El rosario de Eros*, libro que coincide en fecha de aparición con *Ternura* (1924). Menos común es la agrupación de la obra más madura de Gabriela con la producción lírica de poetas decididamente "diferentes" de aquellas otras modernistas. Nos referimos a la puertorriqueña Julia de Burgos (cuyo libro iniciativo, *Poema en veinte surcos*, ve la luz el mismo año que *Tala*, 1938, y cuya colección *El mar y tú* es de igual fecha que *Lagar*, 1954); y a la mexicana Rosario Castellanos, que ya tiene publicadas sus tres primeras obras líricas en el año de *Lagar*, y cuyos *Poemas (1953-1955)* se ofrecen al público poco antes de la muerte de la poeta chilena en 1957.

Algunas páginas aisladas realizan parcialmente la tarea integradora; en 1935, Luis Lloréns Torres publica en *Puerto Rico Ilustrado* su artículo "Cinco poetisas de América: Clara Lair, Alfonsina Storni, Gabriela Mistral, Juana de Ibarbourou, Julia de Burgos",[2] y en 1967 Carmen Conde comenta lo siguiente:

[1] Gabriela Mistral, *Poesías*. Selección y prólogo de Eliseo Diego (La Habana: Casa de las Américas, 1967), pp. ix-x.
[2] Ficha de un artículo periodístico que se recoge en la biblioteca de Julia de Burgos, *Obra poética* (San Juan: Instituto de Cultura Puertorriqueña, 1961), p. 332.

Tristes mujeres aquéllas (Delmira, Alfonsina, Gabriela, Julia...) tan estrujadas por la angustia y por el destino... Hermanas mayores y sacrificadas, que pagaron la gloria de su celeste lenguaje con la caliente sangre pronta a derramarse! [3]

En 1968, en un texto de Eugenio Florit y José Olivio Jiménez, se lee una frase comparadora referida a Alfonsina Storni:

Sin la angustia arrebatada de Delmira Agustini, ni la gracia pagana de Juana de Ibarbourou, ni la energía y universalidad de Gabriela Mistral —para no nombrar más que a las principales— logró ponerse a la cabeza de su generación en Argentina... [4]

No obstante lo señalado, falta por precisar de forma más acuciosa en qué difiere la lírica mistraliana de la producción posmodernista de aquellas "poetisas" de los 20 y los 30, y cómo se sitúa su obra en relación a las poetas básicamente "sociales" [5] que publican en las décadas de los 40 y los 50. Así, este trabajo trata de revalorar —desde un ángulo un tanto diferente— el papel que la poesía de Gabriela Mistral ha desempeñado en la evolución de la lírica hispanoamericana hacia una concientización patente, y cómo funciona —desde un engarce de sensibilidad histórico-literaria— en ese periodo, puente de nuestra poesía. La investigación crítica ha cubierto, de seguro, la etapa crucial de entreguerras; lo hace la extensa bibliografía sobre la vanguardia, de Juan José Tablada y Vicente Huidobro hasta el surrealismo de César Moro y el grupo chileno de La Mandrágora. Sin embargo, se tiende a seguir ahondando en grandes divisiones tradicionales, separando el posmodernismo de poetas como Ramón López Velarde o Enrique González Martínez del de "las poetisas", y no prestando demasiada atención al hecho de que si bien 1922 es el año de *Trilce*, también se publican en esa fecha *Desolación* y *Raíz salvaje*.

Nos dirigimos, pues, a una integración del panorama poético hispanoamericano en el cual florece la obra de Gabriela, y en el cual se continúa su particular visión; y si nos inclinamos a una parcelación que contempla la "poesía femenina" como algo distinto de la poesía de su momento, esto es sólo en tanto aquélla ha sido estudiada de manera especial, como capítulo aparte y secundario, y en cuanto aún no se cumple su cabal articulación en el desarrollo de un modo particular de la lírica hispanoamericana. Vale

[3] *Once grandes poetisas américohispanas* (Madrid: Cultura Hispánica, 1967), p. 285.
[4] *La poesía hispanoamericana desde el modernismo* (New York: Appleton-Century-Crofts, 1968), p. 215.
[5] La diferenciación terminológica entre "poetisa" y "poeta" representa, precisamente, la escisión ilustrada por el binomio cultural-literario "poesía femenina" *versus* "poesía". Hoy día, como es sabido, el título de "poetisa" resulta no sólo anticuado sino peyorativo; en estas páginas se usa como denotativo de las autoridades pertenecientes a la sensibilidad del periodo postmodernista, representadas principalmente por las uruguayas Agustini e Ibarbourou. El calificativo de "poeta", por otra parte, resulta críticamente elogioso en su definición (cf. las palabras de Gabriela Mistral a Carmen Conde citadas al final de este trabajo).

decir, que la terminología y los conceptos manejados en estas páginas connotan la necesidad de una consistencia impuesta por la historiografía, y eso mientras no se delimite el rubro "poesía hispanoamericana" en su plena y objetiva totalidad, no considerándola primaria y esencialmente como parcela de autores y como portadora de una visión del arte y la realidad que es básicamente masculina *porque la cultura lo es* en sus mayores manifestaciones, y eso basta.[6] La obra de Gabriela nos parece, aparte el mérito innegable de su estatura, de pionera importancia en una apertura del horizonte de nuestra lírica a la que fue y es escrita por mujeres; lo que tratamos de hacer en estas consideraciones es contribuir, en forma modesta, a otra apertura: la de la crítica, que debe valorar el aporte de la obra artística a su periodo histórico —no importa el sexo y la visión de mundo de quien la escriba— y articularla en lo que tiene de referencia al corpus literario en el cual se imbrica.

De un modo general, podemos observar que el clima poético precedente a la obra primera de Gabriela se forja en una sensibilidad que va construyendo tanto la fractura y la explosión vanguardistas como el apego a la cordura y a la familiaridad que es patrimonio del posmodernismo; los años que median entre 1914, cuando fueran premiados "Los sonetos de la muerte", y 1922, cuando el Instituto de las Españas publica en New York los versos de la chilena, vieron aparecer los primeros experimentos ideográfiocs de Huidobro y de Tablada, los versos "raros" del peruano Eguren, la sencillez dolorida y concretísima de *Los heraldos negros,* así como la obra provinciana y sensualmente litúrgica de López Velarde, poeta mexicano de *La sangre devota* y *El son del corazón*. Dos voces femeninas se dejan oir desde extremos parámetros: Juana de Ibarbourou hace las delicias de un escandalizado público burgués, que la ve desnudarse en sus poemas, y Alfonsina Storni comunica en sus textos el peso de ese ancestro de mujer que la agobia, de esa pena de amor o de impotencia sufriente que la mata. En ese contexto, los poemas de amor y de dolor y de honda entraña cristiana de Gabriela no asombran tanto por su contenido explícito y por su escueta forma de filiación clásica, como por su impacto emocional: el desgarrón de

---

[6] Se arguye que "lo femenino" es una condición natural, de suyo inherente en la cultura, e innegable por tanto su peso en la configuración de la obra artística. A esto se replica actualmente que "lo masculino" es también condición culturalmente dada, y que sólo por la imposición histórica tradicional en la sociedad humana de valores masculinos como "epónimos" del género, la visión *del hombre* se hace sinónima a la visión *del ser humano* (el hombre es la civilización, el trabajo, el arte, el pensamiento, la fuerza, la razón, *etcaetera; la* mujer es la belleza, la inspiración, el instinto, la propagación de la especie, el impulso primitivo e irracional, *etcaetera)*. Estos supuestos básicos, como lo demuestra ampliamente la antropología contemporánea, llevan a considerar "lo femenino" como desviación de la norma, el arte y los artefactos producidos por mujeres como productos de diferente textura al fenómeno cultural "humano" en sí; véase, a manera de ilustración, el significativo volumen de ensayos editado por Michelle Zimbalist Rosaldo *et al., Woman, Culture, and Society* (Stanford: Stanford University Press, 1974). En el campo literario, existe un valioso trabajo que estudia la poesía norteamericana desde una perspectiva integradora como la que aquí proponemos, y que en especial analiza el concepto cultural-artístico de "female poetry" o "poesía femenina" en lo que tiene de significación histórica: Emily Stipes Watts, *The Poetry of American Women from 1632 to 1945* (Austin: University of Texas Press, 1977).

la muerte individual, la impresión del poco valor propio, aun de la fealdad física, sorprenden a un lector que se ha ido acostumbrando al ejercicio intelectual de una poesía masculina artificiosa (exceptuando pocas instancias) y a una poesía femenina de corte ardorosamente sexual o de intención mesuradamente contestataria de la hipócrita moralidad imperante.

A pesar de un hilo femeninamente unitivo entre Mistral y Storni, como lo es la temática de la maternidad, el temple lírico del texto mistraliano es muy diferente a aquél de la poeta argentina. Véase, por ejemplo, cómo en el poema "Semilla", de *Ternura*, el hijo pequeñito es cifra alegre del futuro, en promesa de una vida que se desarrollará plenamente:

> Duerme, hijito, como semilla
> en el momento de sembrar,
> en los días de encañadura
> o en los meses de ceguedad.
> Duerme, huesito de cereza,
> y bocadito de chañar,
> color quemado, fruto ardido
> en la mejilla de Simbad.[7]

Pero el hijo por venir es motivo de agonía para el personaje lírico de Alfonsina, en un conocido texto del libro *Languidez*, de 1920:

> En los ojos la carga de una enorme tristeza,
> en el seno la carga del hijo por nacer,
> al pie del blanco Cristo que está sangrando reza:
> —¡Señor, el hijo mío que no nazca mujer! [8]

Si bien las visiones poéticas tocan como posibilidad el tema de la madre, una es muy opuesta a la otra en su valoración del hijo como entidad, y en la contemplación de esa extensión corpórea de la mujer que es físicamente una criatura. El texto de Storni, patentemente, se configura desde una problemática social que está consciente de las posibilidades restringidas que se imponen a la que nace hembra.

Los enfoques de esta "poesía femenina" de la década 1916-1926 emergen de una visión de mundo disímil a la de Gabriela. Sea que se le señalen a ésta la sencillez formal y la temática intimista, a veces doméstica, del posmodernismo, el toque vital de un sentimiento afín a los otros seres humanos va bosquejando en la obra mistraliana ese amoroso allegamiento a los hombres, a las cosas, a la naturaleza, que la distingue de la actitud amargamente rebelde, declaradamente erótica o anhelosamente libertaria de las otras mujeres. Sean Storni, Ibarbourou o Agustini los puntos de comparación, la obra lírica primera de Gabriela Mistral ya deja traslucir un prístino

---

[7] Gabriela Mistral, *Poesías*, p. 39. Todas las citas posteriores se remiten a esta edición cubana, fichada en la nota 1 *supra*.

[8] "La que comprende", incluido en John E. Englekirk *et al.*, eds., *An Anthology of Spanish American Literature* (New York: Appleton-Century-Crofts, 1968), p. 514.

aire de dedicación y de fe en otros destinos que la de las otras no contempla.

Por otra parte, el desarrollo de una poesía "de conciencia", como pudiera mayormente definirse la producción de la puertorriqueña Julia de Burgos y de la mexicana Rosario Castellanos, no tiene raíces en el aire. El sensibilizarse a una realidad social lacerante, de desigualdad e injusticia para una mayoría en cualquiera que sea el medio geográfico americano, conduce a la integración artística de esa realidad y dirige la obra hacia un lenguaje poético específico, que generalmente se encauza en una expresión asequible, de clara sencillez y de acercamiento al habla popular. En la característica "transparencia" del lenguaje mistraliano se arraigan ya los acentos de una poesía como la de Julia de Burgos, y la lengua rebelde de Rosario Castellanos. Colocando en paridad cronológica los poemas significativos de un año importante a la lírica hispanoamericana, notamos que 1938 produce *Poema en veinte surcos*, de Julia de Burgos, y *España, aparta de mí este cáliz*, de César Vallejo; no sólo se enmarca en la primera obra esa definida angustia ante la injusticia social, característica de la visión de la puertorriqueña, sino que en ella —como en el dolido libro vallejiano al pueblo en guerra— se trasluce una temática de lucha obrera y campesina al tanto de los desgarramientos españoles de la fecha. Quizás no sea mera conicidencia que también vea la luz en ese año el libro maduramente americano de Gabriela, *Tala*, cuyos magníficos poemas "Pan", "Sol del Trópico", "Cordillera", "El maíz", "Mar Caribe", "Volcán Osorno", "Bío-Bío" y otros tantos van a marcar una dirección a la naturaleza patria y continental que sólo culminará egregiamente, doce años más tarde, en el *Canto general* de Neruda. Los motivos geográficos se dan al unísono, en ese mismo año, en la obra de la chilena y en la de la puertorriqueña; uno de los más antologados poemas de Julia trata de un río de su país, "Río Grande de Loíza", como el "Bío-Bío" de Gabriela. La actitud del hablante poético es muy semejante en ambos textos, donde se engarza el sentimiento filial o sensual ante el río con el ansia de penetración mutua, para aspirar en las linfas la tierra natal de la infancia:

¡Río Grande de Loíza! . . . Alárgate en mi espíritu
y deja que mi alma se pierda en tus riachuelos,
para buscar la fuente que te robó de niño
y en un ímpetu loco te devolvió al sendero.

Enróscate en mis labios y deja que te beba,
para sentirte mío por un breve momento,
y esconderte del mundo y en ti mismo esconderte,
y oir voces de asombro en la boca del viento.[9]

El texto de Gabriela contempla al río más indirectamente, sin el apóstrofe de la segunda persona, pero establece asimismo la filiación originaria y te-

---

[9] "Desde el puente Martín Peña", *Obra poética*, p. 163. Todas las otras citas de los textos de Julia de Burgos remiten a la misma edición, fichada en la nota 2 *supra*.

rrestre de esa agua patria, y verbaliza el impulso unitivo también por medio del acto de *beber*:

Yo no quiero que me atajen
sin que vea el río lento
que cuchichea dos sílabas
como quien fía secreto.
Dice Bío-Bío, y dícelo
en dos estremecimientos.
Me he de tender a beberlo
hasta que corra mis tuétanos...

Poco lo tuve de viva,
Pero ahora me lo tengo;
larga cuchillada dulce,
voz bajada a balbuceo,
agua mayor de nosotros,
red en que nos envolvemos,
bautizador como Juan,
pero sin golpe de treno... (p. 144).

La temática crecidamente social de Gabriela se abre más a la representación del pueblo, de sus gentes humildes y trabajadoras, en *Lagar*. Poemas como "Manos de obreros" representan una sentida solidaridad con aquéllos cuyo sudor produce la vida diaria, y revelan el sentimiento fraternal del hablante, quien armoniza con la materia humana que labora la tierra y la piedra:

Duras manos parecidas
a moluscos o alimañas;
color de humus o sollamadas
con un sollamo de salamandra,
y tremendamente hermosas
se alcen frescas o caigan cansadas.

Amasa que amasa los barros,
tumba y tumba la piedra ácida
revueltas con nudos de cáñamo
o en algodones avergonzadas,
miradas ni vistas de nadie
sólo de la Tierra mágica.

Parecidas a sus combos
o a sus picos, nunca a su alma;
a veces en ruedas locas,
como en lagarto rebanadas,
y después, Arbol-Adámico
viudo de sus ramas altas.

Las oigo correr telares;
en hornos las miro abrasadas.
El yunque las deja entreabiertas
y el chorro de trigo apuñadas (pp. 233-234).

Desde una somera lectura, se puede apreciar que este texto de Gabriela está construido sobre la animación del elemento *manos*: su apariencia, color, textura, utilidad y oficio. El principio metonímico que rige la formación del conjunto de imágenes centrales permite una visión parcializada de la hablante; es decir, ésta percibe las manos del obrero como separadas en el espacio, representativas —a la vez que truncadas— de la totalidad del hombre que las utiliza para amasar, tumbar, construir, tejer, hornear, forjar, segar. Así son convertidas en motivo poético incorpóreo en un texto que las subjetiviza. La presencia del hablante es pasiva si consideramos que funciona sólo como testigo presencial del trabajo de las manos, y como emisor de un juicio valorativo acerca de la labor obrera.

Como punto de comparación, queremos referirnos a una composición de Julia de Burgos aparecida en su primer libro, *Poema en veinte surcos*, y que plasma asimismo un sentimiento solidario con los trabajadores de humilde oficio. Reparemos que en la construcción del texto de Julia opera parcialmente la metonimia, en una fijación de la figura del obrero por el uso de partes integrales de su cuerpo como los *huesos*, los *brazos* y los *puños*; si bien la actitud del hablante lírico frente al sujeto del poema es distinta a la que observamos en el texto de Gabriela:

Huesos vestidos alertas
a una esperanza caduca
que se hace mueca en las almas
y se le ríe en las arrugas.

Hacha del tiempo cortando
carne de siglos de ayuna.
Adentro la muerte manda.
Afuera el hambre murmura
una plegaria a los hombres
que al otro lado disfrutan
de anchos salarios restados
a hombres obreros que luchan.

¿Respuesta? —Brazos parados.
Sobra el mantel. No hay industrias.

¡Obreros! Picad el miedo.
Vuestra es la tierra desnuda.
Saltad el hambre y la muerte
por sobre la honda laguna,

y uníos a los campesinos,
y a los que en caña se anudan.

¡Rómpanse un millón de puños
contra moral tan injusta!

Las diferencias entre los dos poemas son apreciables, como se puede notar
a simple vista. En el de Gabriela, la visión poética implica una descorpori-
zación y una mitificación del elemento central *manos;* el obrero está presente
de manera indirecta y parcializada, y su función en la sociedad humana se
ve como "santificable" (los dos versos finales del poema apuntan que, como
alivio a las manos obreras, en su sueño "Jesucristo las toma y retiene / entre
las suyas hasta el Alba!" (p. 235). El "yo" poético "las oye" correr telares,
"las mira" abrasarse frente a los hornos, en una presencia indirecta de
testigo que está en la escena para describir, mitificando, a ese "Arbol-Adámico" de bajas ramas que son las manos del trabajador, canonizadas por el
santo bregar de la vida. En el texto de Julia, la actitud del hablante es de
arenga política; el "yo", si bien ausente en forma pronominal explícita, existe
en el espacio textual a través del apóstrofe directo al "vosotros", a los obreros, a quienes anima a rebelarse contra el injusto orden prevalente. En el
poema mistraliano, se afirma el valor intrínseco del trabajo en tanto se lo
mitifica; en el poema de la puertorriqueña, se confirma su valía económica
en tanto se lo establece como norma social de remuneración. Los principios
constructores del particular discurso poético que estas dos composiciones
representan, sin embargo, exhiben un común impulso generador; ambos funcionan desde un ángulo metonímico en su armazón básica y, si bien es evidente que la visión dada en cada texto es de naturaleza o índole diferente
—llamemos a una humanitaria, cristiana y mitificante; a la otra, socialista
y militante— el texto de Gabriela comporta una preocupación singular, distinta a la de las "poetisas" posmodernistas, y que después la producción de
Julia de Burgos en cierto modo recoge y amplía.

En un análisis de los motivos básicos a la obra mistraliana, no se escapa
al lector la presencia repetida del *árbol*. Desde los hermosos textos de "Paisajes de la Patagonia", en *Desolación*, donde aparecen "Arbol muerto" y
"Tres árboles", se pudieran citar a manera ilustrativa la "Ronda de la ceiba
ecuatoriana" y "Pinar", en *Ternura;* "Hallazgo del palmar", "Ocotillo", "Palmas de Cuba", "Ceiba seca", "Poda de almendro" e "Hijo árbol" (segundo
y tercer "Sonetos de la poda", respectivamnete) y "Ultimo árbol", de *Lagar*.
En todos estos poemas se evidencia la figuración del *árbol* como elemento
vivificador, animado, a veces personificador del "yo" de la poeta, y siempre
cifra material y criatura afín al hablante lírico mistraliano, quien se revela
apegado a la calidad telúrica y primordial de un símbolo que funciona como
vástago familiar, como raíz del ser y como apoyo del espíritu. Sin detenernos
en un recuento prolijo de la presencia del *árbol* en los poemarios de Julia de
Burgos, se haría evidente al lector sagaz la dispersión reiterada de este elemento en la visión básica que se entrega a partir de los textos de la poeta

puertorriqueña. En un contexto reducido, consideremos cómo en "Los poemas del río", pertenecientes a *Canción de la verdad sencilla* (1939), aparecen los árboles de la infancia en la consideración del hablante, quien reconstruye su salida al mundo:

Recuerdo que los árboles recogieron sus sombras,
pálidos como sueños paralelos a mi alma.
Nubes recién bañadas se asomaron a verme
y un silencio de pájaros adornó mi llegada.
(Aparecía en el valle la luz de aquella niña
que venía por las tardes a seguir las quebradas...)

("El encuentro del hombre y el río", p. 163).

Los poemas de *Criatura del agua,* escritos antes de 1954 pero publicados póstumamente en 1961, contienen un texto significativo: "Campo-2". Esta composición es representativa de una de las más insistentes líneas temáticas de la obra de Julia de Burgos: la búsqueda de las propias raíces, el retorno a ellas. Casi siempre esta vuelta al origen, reveladora de una especie de orfandad espiritual del hablante que se refugia en una naturaleza patria de contorno insular, pueblerino y campestre, particulariza la niñez con elementos acuáticos y vegetales. En "Campo-2", el vocabulario poético se desarrolla especialmente a base de nombres de plantas como *pomarrosa, cerezo, morivivi, guayabo* (parte del paisaje de Puerto Rico), y de la presencia incesante del agua como fuente de aquella vida ya presagiadora —en visión retrospectiva— de una preocupación social indiscutible:

Parece que al nacer me oyeron los guayabos,
y las lajas morenas,
y el río precoz,
porque a ratos se echaban a imitar mis sollozos,
sobre todo en las noches, cuando todos los cerros
se bajaban al agua.

Yo no sabía nunca el mismo caminito
hacia el pozo sediento,
sediento por entregarse a mí con toda la montaña.
¡Y mis árboles,
los guardias voluntarios de mi niñez,
esos soldados mudos armados de iridiscencias de pájaros discretos
estandartes sin patria,
escopetas del tiempo manejadas tan sólo por la tierra! (p. 310).

Esta imagen protectora y vivificante, referida al ansia poetizada de una sed de cariño antigua, se encuentra también en los poemas arboríferos de Gabriela. Un texto de *Lagar* ilustra en detalle esa búsqueda de raigambre, de consuelo vital en la naturaleza. Obsérvese cómo otra vez, al igual que en

"Manos de obreros", el hablante lírico mistraliano alude a su presencia indirectamente, citando de segunda instancia el diálogo con el árbol en vez de usar el apóstrofe directo, como se ve en los textos de Julia de Burgos; y nótese cómo el agua es asimismo forma y figura de la sed unitiva de amor en los versos de "Hallazgo del palmar":

> Yo les gozaba, les gozaba
> los cogollos de su alegría.
> —Denme el agua fina, les dije,
> y la miel de mi regalía
> y la cuerda que dicen recia
> y la cera que llaman pía
> (el agua de otro bautismo,
> la miel para amargo día
> la cuerda de atar las fieras,
> las ceras de mi agonía
> que me puedo morir de noche
> y el alto cirio llega al día ...)
>
> Yo les hablaba como a madres
> y el corazón se me fundía.
> Yo me abrazaba a las cuelludas
> y las cuelludas me cubrían.
> Las palmeras en el calor
> eran géiseres de agua viva;
> se mecían sobre mi cuerpo
> y con mi alma se mecían (pp. 205-206).

La imagen del agua (tanto fluido de savia como configuración de manantial en el perfil de la palmera) es central a estos textos; el *pozo* y el *géiser* funcionan a nivel simbólico no sólo como alivio de la sed y el estío, sino también como secreto de la edad pasada, en la entrega del mundo natural al hablante. El árbol, tópico tradicional como "amparo del caminante", cobra en los dos poemas la figura protectora de un guardia o soldado que vigila, de una madre dulce que arrulla.

En el estrecho espacio de estos comentarios, que sólo aspiran a un bosquejo comparativo y situacional de la poesía de Gabriela con relación a la de los poetas "diferentes" que la siguen en el tiempo, sería muy difícil establecer la cabal fundación que la obra de la chilena proporciona a una expresión genuinamente social en los años más recientes. Pero sí se debe apuntar que no fue sólo la visión humanitaria de la poeta laureada lo que marcara pautas a la expresión lírica que comienza a germinar en las décadas del posvanguardismo, sino de alguna manera ese lenguaje americanizante y esa rica veta popular que conforman la poesía mistraliana tienen su paralelo en la poesía de filiación nativista, de acento social cada vez más marcado, que florece en los 30 y los 40: pensemos en la irrupción clara de voces como

Nicolás Guillén (Cuba), José Coronel Urtecho (Nicaragua) y Luis Palés Matos (Puerto Rico) en un ámbito artístico en el que ya habían trazado esas nuevas direcciones poetas posmodernistas de la misma generación que Gabriela, como Andrés Eloy Blanco (Venezuela), Evaristo Ribera Chevremont y Luis Lloréns Torres (Puerto Rico).[10] En esa nómina, Gabriela Mistral es la única "poeta" mujer; las demás de su promoción persiguen la vena intimista que caracterizó a las "poetisas" del posmodernismo, que aparte las ya conocidas incluye los nombres de Dulce María Loynaz (Cuba) y María Eugenia Vaz Ferreira (Uruguay).

En los años que siguen a la vanguardia y su plenitud, se engarzan en la producción poética de los 40 y los 50 las notables voces de Claudia Lars (El Salvador), Julia de Burgos, Sara de Ibáñez (Uruguay), Margarita Michelena (México), Fina García Marruz (Cuba), Ida Gramcko (Venezuela) y Dora Isela Russell (Uruguay). A este recuento pertenece, en lugar sobresaliente, la poeta que a nuestro juicio recibe la herencia mistraliana más directa: Rosario Castellanos. La malograda mexicana es probablemente la más cumplida voz de denuncia que se deja oir en la "poesía femenina" de los cincuenta; su temática abarca toda una red de categorías que incluyen, entre otros reiterados problemas, el atropello del indígena, el desenfreno del consumo en la etapa tecnológica, la injusticia del doble patrón de conducta sociosexual imperante en la cultura, la identificación personal y colectiva de "lo femenino". Ciertamente estas preocupaciones van, en su crudeza y rebeldía, mucho más lejos que lo que pueda darse en la obra de Gabriela; pero con ésta comparte Rosario una básica visión humanista que incontables veces se plasma en verso por medio de elementos paralelos. Entre todos ellos, y en lo que cabe en estas páginas, dedicaremos alguna atención a tres: el uso del motivo bíblico, la presencia del elemento vegetal y la relación *vida-muerte* aparecida en unión al doble motivo *hijo-madre*. De esta manera, esbozaremos el "clima intertextual" que resulta aparente en una lectura mistraliana de la poesía de Rosario Castellanos.

Hay una extensa reiteración de figuras y tópicos del Antiguo Testamento en la poesía de Gabriela, visibles desde *Desolación;* para un rápido inventario, bastaría nombrar las menciones de los personajes más sobresalientes —Judith, Tobías, Jacob, Job y las destacadas mujeres y madres bíblicas: la Macabea, Ana, Isabel, Raquel, Lía, Sara, Agar y Ruth la maobita.[11] Tales personas de la historia antigua aparecen en relación a su propio valor y posición en el relato sagrado (Sara como mención a la mujer de Abraham, Agar como la esclava), o en función peculiar de sus características definitorias (la tierra con ríos se llama Sara y la tierra sin agua se llama Agar,

---

[10] La poesía nativista de los 30 y los 40, primero de marcado carácter folklórico y después de intensificada problemática social, parece darse en su mayor efervescencia en la zona del Caribe. En parte, esto se explica por la estrecha relación entre la poesía de tema y expresión popular y el "negrismo" literario, que tanto prendió en la literatura caribeña.

[11] Entre muchos otros, los siguientes poemas contienen referencias bíblicas: "El Ixtlazihuatl", en *Desolación* (p. 25); "Bendiciones", "Animales" y "Trigo argentino", en *Ternura* (pp. 62-63, 70 y 75); "Láoida filial", "La sombra" y "Todas íbamos a ser reinas", en *Tala* (pp. 87, 111, 151); "Poda de rosal" y "Una palabra", en *Lagar* (pp. 215 y 225).

por ejemplo).[12] El correlato bíblico se detecta en la poesía de Rosario Castellanos a manera de realización magna: la ilustración mejor son dos largos poemas dramáticos de 1959, *Salomé* y *Judith*.[13] Las figuras bíblicas, en función de su carácter traidor/salvador, están situadas en un tiempo y espacio peculiares; Salomé es la hija de un jefe político del porfiriato, en el México finisecular, en la ocasión de una proyectada sublevación de los indios chamulas. La heroína de nombre bíblico, al darse cuenta de que su amante —líder de la rebelión— trata mal a su madre, lo entrega a las autoridades y venga así al pueblo de mujeres encarnado en ella misma, su progenitora y su nodriza. El poema *Judith* se desarrolla en un pueblo de Chiapas sitiado por un ejército enemigo durante la Revolución; la heroína, recién desposada con Juan, lo degolla cuando éste se niega a combatir por su pueblo y prefiere el tálamo nupcial a la batalla. Cuando la vienen a buscar para que seduzca y mate al jefe adversario, la virgen viuda se niega y espera así a que el castigo del oprobio y desprecio populares contra ella le hagan pagar su culpa. El más cercano paralelo en la obra mistraliana es el soneto dedicado a Ruth; si bien ese corto poema de Gabriela no modifica el relato bíblico, y sólo "dramatiza" la lealtad y el amor de la maobita por el patriarca que la acoge en sus eras y en su lecho. La tensión trágica y la rebeldía patentes en los textos de Castellanos, utilizaciones modificadas de los mitos narrados en el Antiguo Testamento, no aparecen en el soneto de *Desolación*.

El segundo poemario de la autora mexicana, *De la vigilia estéril* (1950), se construye alrededor de la figura de la muerte; sea la del hijo no nacido, sea la muerte simbólica de un amor que rechaza a la mujer. En varios textos, de resonancias por lo demás bíblicas, se da esa particular conjunción de los motivos *hijo* y *madre* en relación a la muerte real y a la muerte imaginaria: la destrucción de la vida que la mujer hablante lleva en las entrañas, o la destrucción del amor con la ausencia definitiva. En el poema titular leemos:

> A ratos, fugitiva del sollozo
> que paulatinamente me estrangula,
> vuelvo hacia las praderas fértiles y lo invoco
> con las voces más tiernas y el nombre más secreto.
> ¡Hijo mío, tangible en el delirio,
> encarnado en el sueño! (p. 35).

En "Elegías del amado fantasma" los motivos adquieren cualidades traslaticias, por comparación subjetiva:

> Arrullo mi dolor como una madre a su hijo
> o me refugio en él como el hijo en su madre
> alternativamente poseedora y poseída.

---

[12] Dichas referencias pertenecen al poema "Agua", de *Tala* (p. 116).
[13] Estos dos textos dramáticos están incluidos en la colección de lírica titulada *Poesía no eres tú* (México: Fondo de Cultura Económica, 1972), que comprende toda la obra en verso de Castellanos. Todas las citas en estas páginas remiten a la misma edición.

No supe aquella tarde
que cuando yo decía adiós tú decías muerte (p. 39).

La creación de lo que denominábamos "clima intertextual" se relaciona, retrospectivamente, no sólo con los más famosos textos mistralianos de *Desolación* sino también con los poemas que en *Tala* aparecen centrados en la temática de la muerte materna. El dolor de un amor atormentado hecho verso y puñal es, para la hablante de los poemas desolados, "como un hijo, con cuajo de mi sangre se sustenta él,/ y un hijo no bebió más sangre en seno/ de una mujer" ("El suplicio", p. 1); y en "La fuga", años más tarde, la madre fantasma persigue en su obsesión a la poeta del texto, quien lleva la carga de esa muerte dolorosa "en un peso angustioso y amoroso a la vez, como pobre hijo / galeoto a su padre galeoto" (p. 85).

En paralelo final, interesa señalar una relación de ecos textuales singularísima. En el libro de Rosario Castellanos titulado *El rescate del mundo,* publicado en 1952 (dos años antes que *Lagar*), hay una construcción orgánica que se aprecia en la palmaria unidad del volumen, elaborado en torno a motivos naturales y populares: los orígenes indígenas del mexicano, los animales y artesanías del campo patrio, los oficios de las mujeres aldeanas. Algunos títulos que convendría leer cuentan con: "El tejoncito fiel", "Cántaro de Amantenango", "Cofre de cedro", "Lavanderas del Grijalva", "Escogedoras de café en el Soconusco", "Tejedoras de Zinacanta", "La oración del indio", "Una palmera". En estos textos se trasunta una visión amorosa de la geografía y la demografía patrias, plasmadas en un rico verso de arte menor:

Al valle de las nubes
y los delgados pinos,
al de grandes rebaños
—Zinacanta— he venido.

Vengo como quien soy
sin casa y sin amigo.
a ver a unas mujeres
de labor y sigilo (p. 67).

A la visión cuasimistraliana de que son portadores estos poemas de Rosario en 1952, se aúna la elección preferida de una expresión formal, escueta y popularísima, con ecos de copla callejera. Así también en el poema "A la mujer que vende frutas en la plaza", que no puede menos que despertar en un lector de familiaridad con la obra de Gabriela una reacción comparable a la convocada por textos de *Ternura* como "Fruta", "La piña" y "La fresa". Entiéndase claro que se trata de establecer un precontexto a la poesía de visión americana y social de Rosario Castellanos, y no de provocar estrechas comparaciones, enojosas en lo que tuvieran de literalidad. Lo que se persigue es indicar que la visión mistraliana prepara un clima único a la presencia posterior de una poesía que, si bien "femenina", es netamente hispanoamericana y se nutre de la preocupación contemporánea a su origen. En el espíritu de esa advertencia, ofrecemos como última ilustración dual el paralelo de un texto de Gabriela con uno de Rosario; en ellos se patentiza la temática de *pueblo y árbol*, humanidad y geografía, de que se alimentan las visiones respectivas de sus autoras. En *Ternura*, leemos en la "Ronda de la ceiba ecuatoriana":

En el mundo está la luz
y en la luz está la ceiba,
y en la ceiba está la verde
llamarada de la América!
. . .

A su sombra de giganta
bailan todas las doncellas,
y sus madres que están muertas
bajan a bailar con ellas.

¡Ea, ceiba, ea, ea!

Damos una y otra mano
a las vivas y a las muertas,
y giramos y giramos
las mujeres y las ceibas . . .

¡En el mundo está la luz,
y en la luz está la ceiba,
y en la ceiba está la verde
llamarada de la Tierra! (pp. 48-49).

El rescate del mundo, de la poeta mexicana, comienza con el siguiente texto, "Al árbol que hay en medio de los pueblos":

Por caminos de hormigas
traje el pie del regreso
hasta este corazón de alto follaje
trémulo.

Ceiba que disemina
mi raza entre los vientos,
sombra en la que se amaron
mis abuelos.

Bajo tus ramas deja
que mi canto se acueste.
Padre de tantas voces,
protégeme (p. 59).

Aparte la obvia americanidad del árbol autóctono, salta a la vista el carácter particular de centro sagrado (de ronda y de pueblo) que se otorga a este árbol de la vida, mitificado en su función de *omphalos mundi* y de sede protectora, con rasgos tanto maternales como paternales. A la figuración sacrotelúrica y genésica de la ceiba se añade la emotividad subjetiva —laudatoria y suplicatoria— del hablante lírico, que en los dos textos asume potestades de vate ante ese corazón sagrado de la raza y del continente.

Un análisis textual detallado, que pusiera de relieve cómo los hablantes de ambos poemas dan de sí una efusividad mestiza que se crece en el orgullo del ancestro y en la alegría de la naturaleza continental, y que relacionara los elementos poéticos comunes a ambas estructuras líricas, llevaría casi tantas palabras como las escritas hasta ahora. Baste por el momento fijar la tarea que este trabajo sólo señala, y que creemos puede augurar aún otra importancia mayor a la obra de la chilena universal.

Reiteramos, en conclusión, que Gabriela Mistral debe ser estudiada en el contexto de la poesía hispanoamericana y *no solamente* en tanto mujer escritora, como propusiera el poeta cubano que la prologa y como repetidas veces hacen los críticos mejor intencionados; que ella representa una poética diferente de la de las "poetisas" posmodernistas con que se la agrupa a menudo; que sus temas y enfoques, aunque reconocidamente femeninos por provenir de una experiencia única a cierto género, son no obstante —y ante todo— humanos; ya que el amor, la muerte, el dolor, la maternidad (y la paternidad) son herencias *del individuo* y *de la pareja*, y la emoción lírica efusiva, "desnuda", no es patrimonio exclusivo de la hembra de la especie. Si bien ella ha sido culturalmente condicionada a no reprimir tal efusividad, y como tal "lo femenino" *existe* en la cultura y deja sentir su peso en la creación del artista mujer, "lo masculino" es asimismo irrefutable; existe como norma cultural por su primacía histórica, socialmente impuesta, y se ha convertido tradicionalmente en la sola medida de lo específicamente "humano" (léase trascendental y universal) que conlleva el arte. Así, lo asociado a la mujer —de la maternidad y la ternura hasta lo cotidiano y lo emotivamente dicho— se toma como lo *no* representativo, el "otro" arte: "la otra clase" de poesía. A partir de estos supuestos se ha juzgado la obra de las escritoras hispanoamericanas, entre ellas la poeta laureada por el Nobel de 1945.

Una verdadera actualización de Gabriela, escritor de conciencia y humanidad, quedará cumplida sólo cuando se muestre cabalmente que principales figuras líricas de la contemporaneidad refutan, en su obra, la difundida idea de que el erotismo y la sensiblería neorromántica son los únicos criterios manejables para una valoración de las poetas hispanoamericanas. En Carta a Carmen Conde, después de dejar España en 1935, decía Mistral: "tú eres, querida, un poeta de entraña y verbo, un gran poeta mujer".[14] Opinamos que Gabriela, de no habérselo impedido su modestia, se hubiera aplicado a sí misma el sustantivo. Y sin calificarlo.

---

[14] Citado en Carmen Conde, *Once grandes poetisas américohispanas;* carta autógrafa reproducida en el apéndice de ilustraciones (s. p.).

POESIA Y LENGUAJE POETICO EN GABRIELA MISTRAL

por Gastón von dem Bussche

Porque mi culpa fue la Palabra.

GABRIELA MISTRAL

*En la memoria de la posteridad, aquella que no
llegó a vivir sesenta y ocho años, quedará como
uno de esos entes fundamentales de los que la
poesía necesita de tiempo en tiempo para confir-
marse a sí misma, sublimemente, en este mundo.*

KARL KROLOW

Eramos adolescentes. Una generación que de la madre poética de América
Latina tenía sólo la imagen casi legendaria de la situada siempre en su país
de la ausencia. Es decir, en la distancia del espacio y en la zona sutil, hecha de realidades ya invisibles:

> Me nació de cosas
> que no son país;
> de patrias y patrias
> que tuve y perdí;
> de las criaturas
> que yo vi morir;
> de lo que era mío
> y se fue de mí.
> Y EN PAIS SIN NOMBRE
> ME VOY A MORIR.

Conmovida contradicción: la ausente legendaria, la "saudadosa" que leía-
mos, nos iba haciendo aquí, en una ladera de un cerro de la costa chilena,
la revelación de la presencia de *nuestro* país esencial, de nuestra dura y cerrada realidad. Lo que hasta entonces solamente *estaba* aquí, para nuestro
juego y sonambulismo mitad infantil y mitad adulto, ahora se abría, hacía

sentir sus pulsos sumergidos, nos tocaba con la substancialidad sagrada de sus materias: tierra, piedras, aires, silencios casi cósmicos, serenidades soberanas repletas de misterioso y amoroso ser. Juegos en las ramas, en las quilas, hasta el enredo súbito de los pájaros menudos, y, en lo alto, el lento cruce solemne de los pájaros mayores. Y el Sol, voraz y todo dación, a un tiempo consumándonos hasta el hueso y levantándonos en otra densidad, la de la piel de nuestra mestiza estirpe. Y el ensueño haciendo fantasmas en las nubes diáfanas o suntuosas, hacia el punto indecible del horizonte que se correspondía con el centro de nuestro corazón. Y la grandeza tutelar de los montes, ariscos y dulces. Y la voz como pedradas y aún como interjecciones agudas de animalillos o de gargantas muy tristes, de los hombres, subiendo o bajando hacia las vegas húmedas, arreando la vacada mínima y familiar, entre chillidos infantiles y perros. Y el cansancio magistral, el gran pedagogo del ritmo, el patrón sumo en una tierra toda alturas y descensos. Raramente, el descanso breve de una redonda horizontalidad: la de una casa, la de una era. Vivir era esforzarse tierra arriba, tierra adentro:

> Yo os traigo en voz cansada
> repecho de montaña . . .
> . . .
> hablando lengua que jadea y gime.

Y es que, sí, ahora, alguien hablaba: la tierra misma, parecía. Y por fin. La tierra que desde el libro aposentado entre la hierba salvaje y el polvo, decíase a sí misma en un coral imperturbable e insoslayable. Básicamente, salmodia y letanía; y después con suprema lentitud, voz cosalisada, cosa viva y prieta y humanísima: "Este es el pan, que casi habla . . ."

Y luego era un agudo silbido, "un silbido casi juramento", que subía hasta la pelada cumbre de un cerro, avistaba el mar, el planeta, y con sorda pero creciente y poderosa exaltación comenzaba el rito de las fuerzas en el ritmo encantatorio, iniciatorio y mágico, que viene desde el silencio, donde están, como dijo su hermano, "las bocas enterradas". Se unían imágenes primigenias, los Reyes Magos se hacían Incas Cristianizados, la Mama Ocllo y el Manco Capac aparecían tendiendo los brazos fundamentales al Cristo esencial, y la lengua de nuestros días, el castellano licuado y casi tenue del chileno, por lo general introvertido, iba trenzando substantivos a substantivos, vocativos a vocativos, en una reiteración rítmica del ser mismo que comenzaba a desplegarse hacia un ascenso culminal, hacia una reunión, una religazón que era todo el secreto de nuestro soñar y errar y ansiar: la religión de los orígenes complejos y superpuestos, resolviendo en la Alabanza final un destino esforzado y sublime:

> Especie eterna y suspendida,
> Alta-ciudad-Torres-Doradas,
> Pascual arribo de tu gente,
> Arca tendida de la alianza.

Y después del trance, en el sueño, el regreso a la albricia menuda de la hierba gentil, y la plumilla entre guijarros, el cranecillo frágil y prodigioso de un pajarito. Y respirábamos al nivel de lo familiar, y desde allí, desde nuestra madre y nuestro padre, y nuestros muros y nuestros días, lo cotidiano fluía como un río tendido por el que, a par de mirarlo, íbamos haciendo un tránsito sin nombre y sin vértigo, pero indetenible. Y desde una u otra orilla de este río, o de la mesa, o del angosto lecho infantil, venía la voz ahora decididamente voz, respondiéndonos preguntas, y desde los cuatro puntos cardinales convergidos a nuestros ojos, más que leer, oíamos el recado, el cuento, la sentencia inapelable, y el coloquio ocurría perfecto y pleno, aquí, de sangre a sangre, entre "pulsos acordados" por la voz de abuela. Y la poesía era, entonces, completando la experiencia sabrosa y reveladora, lo propio y natural, abriendo ángulos, dorsos, perfiles, volúmenes, gravidez de plenitud bañada de aceite:

Le decía al bultito los mismos primores
que María la de las vacas y María la de las cabras:
"Conejo cimarrón", "suelta de talle"...
y la niña gritaba pidiéndole
volver adonde estaba sin cuatro estaciones...

He aquí, pues, lo que era la poesía: el lenguaje de lo evidente y lo invisible trabados en el ritmo, la imagen y la sintaxis directa y grávida. El tono central de la vida, y no sólo el de la letra. Una voz, que, por lo tanto, podía llegar a ser nosotros mismos en trance amoroso de autorrevelación.

Por aquella edad de mi tiempo, hoy arcana y fresca a la vez, la ardiente y consiguiente resolución fue también la de escribir. La de escribirle, más precisamente. Larga carta profusa que quería, adolescentemente, ser "integral". Que quería "legarle" a la ausente para decirle que no era verdad su ausencia. Que ella estaba aquí, con nosotros y en nosotros, en una compasión sin descanso.

Dos meses más tarde nos llegó su respuesta. Era su "palabra", su "escritura", aquella que Neruda llamaría su "poderosa caligrafía". Y, entre tanto, entre tantas cosas de la vida y de América y de Chile y del hombre, nos dio dos claves de sí misma, dos respuestas que habíamos provocado sin saberlo.

Primero, que: "Sabiduría yo no tengo ninguna, amigo mío. Veracidad, sí..."

Y luego, y en relación con la abyecta especie literaria criolla del anónimo: "no han respetado (esas gentes) la escritura, que es el Verbo de los cristianos".

No entendimos del todo entonces. Hemos ido entendiendo después, en el propio trance y conflicto entre "el ser fiel y el ser infiel"... Vamos, todavía...

LENGUA, HABLA, PUEBLO. He aquí los tres aspectos que, según

parece, integran el instrumento de la expresión poética en la obra de Gabriela Mistral.

Pues el lenguaje poético de la autora de las "Materias" se constituye simultáneamente por un riquísimo registro idiomático, una entrañable modulación plasmadora y comunicativa y una entonación sabrosamente popular en lo que ésta tiene de permanente logro magistral.

La tierra, asiento existencial de esta poesía, es la fundamentadora de una lengua hondamente madurada, concreta y emocionadamente substancial, que pone la lengua poética casi al compás de secretas y lentas fuerzas naturales.

Pedro Salinas dijo una vez que el tiempo, en Gabriela, no es el de los relojes, sino aquel otro más hondo "de las mareas, de las rocas, de los nueve meses del hijo". Y acaso sea ésta una clave de nuestro singular, y aparentemente despreocupado, sentido indohispánico del tiempo.

Todo esto confluye en el acto natural y trascendental de la escritura. Y que para ella no es aquella meramente de la literatura ni aún de la estética, sino aquella de la plasmación elocuente de la verdad, que intenta ser una plasmación de la vida.

Con tal radical sentimiento, ¿no habría de estar esta lengua poética, como lo estuvo, más adentro y por sobre modas y modos, asimilando los aportes de la experiencia y de la experimentación colectiva sólo en la medida en que otras probables verdades servirían internamente a la suya? El onirismo, cuajado de arquetipos que hay en su poesía, y hacia cuya observación nos inclinara inolvidablemente hace años Gonzalo Rojas; el sonambulismo, y la "sagrada locura", no son en ella ni modales ni experimentales. Su sueño y su sonambulismo fueron en ella el signo del ensimismamiento típico de los creadores mayores, como certeramente se lo observó su antípoda Paul Valéry.

> Y de verdad que yo soy la Larva
> desgajada de otra ribera,
> que resbala país de hombres
> con su hueso de sueño y niebla.

Estará atenta para sí misma y para los otros —para nosotros— al riesgo de la contaminación instrumental de la moda, exigiendo con la misma rigurosidad que Rilke la autenticidad como condición primera del poeta.

Jorge Elliott señaló certeramente que, en el panorama continental, Gabriela es "el poeta rural por excelencia".

No se nos dice con esto que sea el poeta de la naturaleza, el paisaje o el campo. Su poesía devela la condición del *rus* en cuanto ámbito y dimensión de existencia. La tierra como "tumba y matriz", según Shakespeare. Como trasunto presente del proceso de la vida: origen, nacimiento, lucha, maduración y resurrección.

Nada encontraremos en esta obra de directa ni superficialmente criollista. Sólo entenderá ella el criollismo mayor. "(Nuestros pueblos criollos) no han querido ser criollos en grande..." Y medirá el criollismo según la dimensión de la obra americana que más quiere y más divulga: el *Martín Fierro*. La densidad de su voz es la de la tierra sembradía, de la piedra secretamente humana, de los huesos sagrados y de las raíces. "Mis grandes amores son: mi fe, la tierra, la poesía", afirmó una vez escuetamente. Y el acorde magistral de las tres entidades integra ser, mundo y creación. La tierra la obliga a comprender que en su perpetuidad planetaria se trasunta el activo modo de ser de Dios. El verbo. La tierra sustenta para siempre su fe esencial, su absoluta certeza de la Vida. Cristo será, pues, el Labrador Supremo: "¡Si son paja de eras / desciende a aventar!" O será el estallido triunfal del árbol que renace: "Tú que losa de tumba rompiste / como el fruto que rompe su nuez..."

La fecundidad de la tierra se corresponde con la fecundidad de la entraña y ésta con la fecundidad del alma: hijo o poema. Y, por esto, el amor es la revelación del ser:

Abrió el asombro mi alma.
Háblame ahora de Dios y
te he de comprender...

Así pues, cuando el insoslayable amor la despierta al trance humano fundamental, que en el hombre rompe la fugaz instancia del celo y quiere ser, tanto como génesis, duración y realización, sabrá que lo que le sube de la entraña a la altura extasiada de la garganta es también eco del Verbo: la Palabra.

Tal comprensión, "surgida en cuerpo y condición de mujer" (Mañach), y en medio de una cultura vieja y fresca, rica y peligrosamente conflictiva a un tiempo; y a un tiempo ritual y espiritual, la hace saberse cargada de una grave responsabilidad: "La mujer es una Guardiana de la Vida y una socia natural de todos los negocios humanos."

El poeta-mujer, cuidador inflexible y amoroso de la vida, macerará su humana condición por lograr su urgente y necesaria serenidad. Bien lo vio Alfonso Reyes: "La serenidad de Gabriela está hecha de terremotos interiores y de aquí que sea más madura." Coincidencia de condición con su patria misma, le agregamos nosotros.

El poeta, pues, asume una *misión,* la que es a un tiempo sacramental y doméstica: "El cantor es madre / de la Creación."

El eco del arquetipo goetheano o junguiano de las madres o de la Madre Fundamental surge en toda su densidad y trascendencia desde la tierra de América y en el canto de la mujer-poeta. ¿Cómo habría, sino, de llegar a esa "isla de los cantos" que dijo la otra, al valle feliz de las madres y los hijos, y vuelta hijo de sí misma y madre de sí misma, recrear el arcano prodigioso de esa religazón mágica de mundo pleno que existe entre la madre y el niño?

Pero antes de eso, contra la desolación, su voz deberá ser capaz de conseguir "el verso enorme", el "verso con cimeras de pleamar", para el cual parece tan incapaz la humana fragilidad: "¿Con esta pobre boca que ha mentido / se ha de cantar?"

Es el tiempo del amor, que es por igual el tiempo del dolor y del éxtasis. El del fracaso imposible del amor, pues que éste, en su integral plenitud, ha asumido la dimensión del Destino. Es el momento órfico de "la hondonada sombría", cuando el poeta debe descender al reino de las sombras, al reino de la muerte, para rescatar su imagen perdida. La poesía es siempre Eurídice fugazmente vuelta a la vida por el triunfo de la canción y devorada luego por la eternidad.

Para lograr que "las palabras caducas de los hombres" tengan para ese verso la intensidad de "sus lenguas de fuego", "de su viva tremolación", la mujer cumple arduamente, como madre en lucha por el hijo, la lucha con el Angel, la lucha con la lengua:

En el tiempo en que yo me peleaba con la lengua, exigiéndole intensidad, me solía oir, mientras escribía, un crujido de dientes bastante colérico, el rechinar de la lija sobre el filo romo del idioma.

¡Terrible don! ¡Socarradura larga / que hace aullar!

La desolación de ser vencido por la única rival —como bien han ido viendo algunos— por aquella a la que se llama con el solo nombre de "La Enemiga" y, más tarde, "La Contra-Madre del mundo", la Muerte, madre de la angustia, habrá de ser formidable, titánicamente plasmada como para que, por su propia y ardiente vitalidad, se vuelva confirmación de la Vida Total. Sólo la Unica Sirena puede cantar tan mágicamente como ella, y por eso ella habrá de ser más intensa en el pulso y más honda en la confesión sin concesiones. El canto tendrá que ser fuego que afirme que "la muerte es mentira".

Pero encuentra una lengua poética subyugada y obediente, nunca recreadora, para el canto. Y sólo la verdadera creación podrá vencer a la rival augusta. Su elocuencia habrá de ser la de la evidencia incontestable de la verdad. El trance habrá de ser vivido y expresado hasta sus últimas consecuencias. Lejos de la luz del pequeño paraíso artificial moderno y de la sensorialidad experimental, lejos de la hinchazón o del tribunismo operático, esta voz debe "nombrar" a la muerte, y al hacerlo, vencerla. "Al fantasma —dijo Juan Ramón Jiménez— se le mata por su nombre."

Será su inmortal compañero, Pablo Neruda, con el que tantas veces poéticamente se reúne, quien revele la radiante realidad:

Gabriela Mistral escribió en 1914, en Los Andes, los tres Sonetos llamados de la Muerte.

La magnitud de estos breves poemas no ha sido superada en nuestro idioma. Hay que caminar siglos de poesía. Remontarse hasta el viejo Quevedo, desengañado y áspero, para ver, tocar y sentir una lengua de tales dimensiones y dureza.

41

Tienen un sonido de piedras andinas. Sus estrofas iniciatorias avanzan como lava volcánica. Contenemos el aliento. Va a pasar algo, y entonces se despeñan los tercetos.

Estos poemas son una afirmación de la vida. Imprecación, llamamiento, amor, venganza y alegría son las llamas que iluminan los sonetos. Quien los escribió conocía la tierra y sacó de la tierra su fuerte fecundidad. Estos sonetos son . . . las tres puertas abrasadas de su poesía y su existencia.

Así, el rito de la muerte se revierte en un rito vital que une al violento primitivismo, un resonar "de los grandes huesos clásicos", como dijo Jorge Mañach, modulado ahora, según el mismo maestro, en el "treno sordo y sombrío" de la tierra americana que ha guardado en su entraña gargantas y sangres arrasadas y enmudecidas por el Tiempo y la Historia.

¡Qué genial recreación del clavicordio casi abstracto y de la guitarra facilona y de la vocinglería tribunicia, dentro del temblor mismo de los huesos y las venas! ¡Qué poderosa y asustadora dimensión de la vida triunfante desde el centro mismo de la desolación! ¡Qué victoria de la tierra nuestra contra la frustración del Tiempo y de la Historia!

Las liras agravan su perfilada estructura para hacerse breves, sentenciosas y absolutas. Los versos de arte mayor toman el tono, ahora densa y pesadamente rítmicos. El ritmo de las estaciones y trabajos de la tierra preside todas las imágenes. Qué miopía situar este trabajo creador dentro de una mera exaltación posromántica, sin advertir que aquí pulsa de nuevo el terrígeno sentimiento trágico de la vida, es decir, heroico y sobrehumano contra todo fracaso —muerte o esterilidad—, tal como ocurre en sus grandes hermanos, los "viejos griegos" de la tragedia rural mediterránea. Y qué modo propio de alcanzar una catarsis por la Misericordia cristiana en entraña y alma mestizas:

La selva hecha cenizas retoñará cien veces
y caerá cien veces, bajo el hacha, madura.
Caeré para no alzarme en el mes de las mieses.
Conmigo entrarán los míos a la *noche que dura.*
. . .
Padre Nuestro que estás en los cielos: recoge
mi cabeza mendiga . . ..

Este acento necesariamente inmortal que redime nuestra casi cósmica, pero histórica desolación, no suspenderá su lucha ni su fuerza. La guardiana de la vida sabrá luego —renacida— que está situada en el Tiempo: la muerte trabajará con los suyos y con ella misma como sostenida prueba. Cada vez más ha de saber, como la tierra, que, sí, somos imagen. Y que, como toda imagen, somos tránsito, fugacidad. Que somos el "extraño interludio en medio del despliegue eléctrico de Dios Padre" que dijo Eugenio O'Neill, el otro trágico. Escribe:

Porque imágenes somos nosotros mismos, una pajuela que dura menos que el respiro en el foco visual de un pueblo y no digamos en la sábana de la luz cósmica. Vamos rodando, atropellados por la imagen siguiente: mucho es si nuestro bulto dura la pizca de unos años en la pupila de un alma fiel: la del amante, la del amigo.

El poeta lírico es un defensor de las imágenes en fuga: es el adolescente eterno de ojo vago, que se queda volteando la imagen que pasó al galope y resobándola con ese resobo dulce que el alma se sabe más que el cuerpo... Dando y enviando savias de su alma, él guardará verde la hoja otoñal, días y años, y no lo hace por regusto de la muerte, que es por la porfía de la resurrección... Con rodeo, y de una (imagen) a la otra, el enamorado las cuenta en un saboreo dichoso de la memoria, a la vez por vivir de ellas y con ellas en el aire infiel que llamamos Tiempo.

Y vagamente supimos
que jugábamos al Tiempo...
...
Hasta mi entrega sobre el límite
cuando mi Tiempo se disuelva.
...
A la hora de clavo de oro
en que el Tiempo quedó al umbral
como los perros vagabundos.
...
Cae en pavesas la memoria
y comienza un futuro divino.

Acordarse del triste tiempo
en que los dos tenían Tiempo
y de él vivían afligidos.

La lucha, ahora, no será ya por la intensidad. La lucha será ahora para testimoniar la vida, su mundo y sus gentes —por sujetar su poder a su dominio, como ya lo señaló Luis Oyarzún. Por mantenerla en la verdad tangible de la vida esencial. No será ahora la Pasión su verbo, pues si así lo hiciera, esa palabra:

...quema al pasto vivo,
sangra al cordero, hace caer al pájaro.

Será ahora más que nunca la guardiana en relación con la vida de los demás, de todas las otras criaturas, para meterles en el tuétano dulcemente conmovido esta otra médula de lenta revelación: la certeza insobornable de la Vida como Eternidad y de la existencia como creación.

Hurgará ahora en la lengua general de la poesía de la tierra en diversas culturas y en la lengua viva de todos y, preferentemente, en la lengua exacta y lograda del hombre de la tierra, el acento rebosado y seguro de esta verdad. Preferirá ser real a ser sugestiva. Recogerá en el habla de los días las cifras ya definitivas y permanentes. Intentará, en fin, acercar su lengua poética a la lengua natural —al habla— del hombre en el cuchicheo o silabeo de su confrontamiento confesional con la existencia. Su lengua querrá ser una palabra insobornable que bautizará su mundo y su realidad surgente. "El poeta es un desatanudos." Habiendo ganado la intensidad vital, querrá mantenerla subyugada al servicio de la vida secreta, opaca, humilde de las criaturas, las cosas, las materias, los elementos, utensilios, las emociones centrales de la vida humana.

Encontrará "ayudadores". El primero, la infancia. No tanto como secuencia biográfica, sino como dimensión esencial del ser, que en el poeta se preserva más adentro de los dolores de unos primeros años difíciles. Como en Rilke, exactamente, cuya infancia es casi toda desdicha biográfica. Pero la infancia es intrainfancia y, en ello, revelación de claves:

Me busco un verso que he perdido
que a los siete años me dijeron.
Fue una mujer haciendo el pan
y yo su santa boca veo.

En la intrainfancia personal y en esa prodigiosa intrainfancia de los pueblos que es el folklore mantenido, hallará luz y fuente, fuerza y sugestión perpetuas, reiterada confirmación de la vida. Como tantos otros.

Y, paralelamente, "ayudadora" será también la tierra, que le dirá que lo primero y esencial es la constitución de la vida, es el ritmo. La organización de la energía es una confirmación de sí misma. Lo sabía ya con el saber sonámbulo del poeta y del niño:

En mis primeros años, sentía un impulso irresistible de escribir un poema cuando escuchaba el paso de una carreta de heno por las inmediaciones. La monotonía rítmica de los ejes de las ruedas me fascinaba. Y así nació mi primer poema. Yo comprendí entonces, y aún sigo creyéndolo, que la belleza de la poesía . . . está en el ritmo, y no en el tema, el cual puede ser escogido y expresado a voluntad.

He escrito siguiendo un ritmo recogido en un caño que iba por la calle lado a lado conmigo, o siguiendo los ruidos de la naturaleza, que todos ellos se me funden en una especie de canción de cuna.

Un río suena siempre cerca.
Ha cuarenta años que lo siento.
Es canturía de mi sangre,
o bien un ritmo que me dieron.
O el río Elqui de mi infancia
que me repecho y me vadeo . . .

El ritmo es implacable. La melodía, como la memoria, es infiel. "Y tañe cerca y tañe lejos / el tambor indio de la tierra." El ritmo asegura la autenticidad de la vida procediendo según su orden natural: pulso, estaciones, ciclos. Y el ritmo más cierto de la voz humana será aquel de lo permanente, el del habla del hombre levantado desde la tierra a su realidad cuotidiana. Sentencia, copla, canción, trato con las semillas y la sangre. La ciudad inventa, imaginativa y mudable; la tierra, perpetua, crea, y, durable, define.

La tierra y el pueblo le hacen saber que guardan ellos como nadie las claves de un ritmo verdadero. Que proceden a un enlazamiento magistral de las palabras para configurar pensamiento y sentimiento en fórmulas insuperables y según una sintaxis de la lógica más honda: la de la necesidad.

Todas íbamos a ser reinas / de cuatro reinos sobre el mar.
Rosalía *con* Efigenia / y Lucila *con* Soledad.

Para hacernos más viviente la modulación, sabrá qué razón entrañable tiene la expresión autorrefleja que remite el mundo exterior al hombre, al poeta mismo:

Me oigo la cantilena / como el tero-tero
Ahora les escribo los encargos: / no me le opriman el pecho...

Alcanzará a acercar tanto el verso al habla que algunos descubrirán, como lo han hecho, que éste coincide con su propio ritmo respiratorio al hablar, en ese conversar y contar suyo sin cuenta que era capaz de hacer "la noche hablada". Es el singular eneasílabo mecedor, que no llega a ella, pues, a través del uso sofisticado del Modernismo cultista, y que se convierte en su muy habitual instancia poética:

A la casa de mis muñecas / mi madre me llevaba el agua.

. . .

Dejaron un pan en la mesa / mitad quemado, mitad blanco.

. . .

Día, día del encontrarnos / tiempo llamado Epifanía.

Con socarrón humor campesino, indicará a las ciudades por dónde van sus secretos:

No sólo en la escritura, sino también en mi habla, dejo por complacencia mucha expresión arcaica, sin poner más condición al arcaísmo que la de que esté vivo y sea llano... El campo americano —y en el campo yo me crié— sigue hablando su lengua nueva veteada de ellos. La ciudad, lectora de libros doctos, cree que un tal repertorio arranca en mí de los clásicos..., y la muy urbana se equivoca.

Será, en fin, más que moderna, más que actual: será permanente. Nombrará, como quería Hölderlin, las cosas, signándolas y situándolas en el ámbito de lo existente. Buscando el modo más nominal y concreto de convocarlas, casi el modo físico, pero también el más consistente, dentro de una disposición exacta. Y muchas veces, para mejor aposentarlas, las nombrará solas, sin determinación relativa alguna, para que adquieran toda su inmediatez y toda su generalidad:

> Rosalía besó marino
> ya desposado con el mar.
>
> . . .
>
> Me señalaron con la mano
> lecho tendido, mesa tendida.

Y cuando trasunte evocativamente la figura amada de San Francisco, le exaltará a la altura de las supremas cualidades su don fundamental de poeta: "Francisco, supiste nombrar las cosas . . ."

Su poderoso sentido etimológico, que recuerda al de Unamuno, la hace redescubrir los vocablos en su significación primigenia, como ocurre con muchos poetas, devolviéndoles más pleno sentido. Así, las herramientas "trascienden a naranjo herido / y al respiro de la menta", devolviendo al verbo "trascender" sofisticado en exceso por su uso intelectual y filosófico el primer sentido que le señala la Academia, que será casi seguramente el original: "Trascender: dar olor intenso una flor . . ."

En este caso, como no ocurre en otros donde también rescata a la palabra de su uso deformado, se apoya fuertemente en el habla de los suyos. Aún en nuestro sur chileno, oímos a la mujer campesina decir: "Estas flores trascienden muy fuerte . . ."

Persiste en el pulimento que el pueblo ha logrado en un vocablo, y agrega su razón irrebatible, que ni Cervantes ni los lingüistas podrían corregirle:

> No bautizan con Ifigenia, sino con Efigenia, en mis cerros de Elqui. A esto lo llaman disimilación los filólogos, y es operación que hace el pueblo, la mejor criatura verbal que Dios creó.

En un continente una de cuyas tristezas, mejor, uno de cuyos conflictos existenciales más tensos es el de la cuasi frustrada o traicionada autenticidad, qué ejemplo efectivamente fecundo el suyo. Y en medio de qué trances ha debido cumplirse:

> Una colega española se burlaba alguna vez del empeño criollo en forzar la poesía popular, provocando un nacimiento por voluntad, o sea un aborto. La oía yo con interés: un español siempre tiene derecho para hablar de los negocios del idioma que nos cedió . . . Pero, ¿qué quieren ellos que hagamos? Mucho de lo español ya no sirve en este mundo de gentes, hábitos, pájaros y plantas contrastados con lo peninsular. Todavía somos su clientela en la lengua, pero ya muchos quieren tomar

posesión del sobrehaz de la Tierra Nueva. La empresa de inventar será grotesca; la de repetir de "pe a pa" lo que vino en las carabelas lo es también. Algún día yo he de responder a mi colega sobre el *conflicto tremendo* entre el ser fiel y el ser infiel en el coloniaje verbal ...

Pero en este conflicto viene contenido otro, el principal, el feroz, que Gabriela vive bravamente como persona y en su poesía, asumiéndolo con valor entero y fidelidad sin tregua:

Me conozco ... los defectos y los yerros de mis *meceduras orales* ... Una vez más yo cargo aquí, a sabiendas, con las taras del mestizaje verbal ... Pertenezco al grupo de los malaventurados que nacieron sin edad patriarcal y sin Edad Media; soy de los que llevan entrañas, rostro y expresión *conturbados e irregulares,* a causa del injerto; me cuento entre los hijos de esa cosa torcida que se llama una experiencia racial, mejor dicho, una *violencia racial.*

La solución del conflicto sólo podrá ganarse viviéndolo íntegramente, pues él mismo es signo de autenticidad.

En la literatura de la lengua española, represento la reacción contra la forma purista del idioma metropolitano español. He tratado de crear con modificaciones nativas. No debe haber obstáculo a que los países hispanoamericanos, donde las palabras sirven para designar objetos desconocidos en Europa, mezclen sus respectivos vocabularios.

Pero atención, sabe muy bien esta maestra de vida, conducta y poesía, que no se trata de hacer recuerdos ni de colorear el idioma con brillos pintorescos y localistas. El camino lleva a la *internación* en la realidad nuestra, a la temperatura e inflexiones de nuestra expresión, de modo de extraer de allí, a nivel de convivida experiencia, las fórmulas, acentos y analogías que se sustentan en el ritmo sobrio y poderoso de la tierra. Se trata de expresar un carácter —Rodin dijo "bello es lo que tiene carácter"— no unas características. "Mi obra —dijo una vez Gabriela— es un poco chilena por la sobriedad y la rudeza."

Un extranjero, como frecuentemente nos ocurre, es quien mejor ha visto aquí:

Esta poesía —dice en Francia Roger Caillois— no es jamás llamativa. Por el contrario, ella instala al alma como en el paisaje de su infancia, allí donde todo es simple y conocido desde siempre; y las mismas emociones que ella expresa parecen participar de no se sabe qué estabilidad esencial, verdaderamente liberada de la "Gran Muerte"; de una estabilidad que brota de sí misma y de la cual el corazón comprende súbitamente, ahora que le ha sido revelada, que la había aceptado con el nacer, y sin saberlo.

. . . Esta poesía, que viene de las antípodas, nos introduce en un escenario donde todo nos desconcierta; se apoya sobre lo habitual, y se aplica a concertarle tan exactamente la sensibilidad, que se convierte para ella en algo inevitable y absoluto que la colma.

. . . El ritmo de este verso es a la vez el más poderoso y el más ligero. Se impone a la memoria sin recibir más que el mínimo conjunto de artificios que sirven habitualmente para este objeto. La frase es tan natural como podría serlo en prosa y hasta en la más trivial de las conversaciones; pero es definitivo, uno no puede imaginar que pudiera ser otra y el recuerdo la restituye sin transformarla.

En consecuencia Gabriela, desde su propia cantera fundamental, integrará la tendencia contemporánea general que ansía la poesía coloquial como ideal estético y como testimonio existencial. Ideal que, como ya sabemos, implica una nueva y riquísima complejidad en su aparente sencillez, que es todo lo contrario de una simplicidad, como, en un paralelismo que es al mismo tiempo diferenciación, lo han visto los alemanes en Machado y Gabriela.

No me excuso sino aquellos poemas donde reconozco mi lengua hablada, eso que llamaba don Miguel, el Vasco, la lengua conversacional.

Es decir, la lengua de una comunicación humana esencial. Y la de una plasmación substancial de la realidad.

Después, cuando el pan, el aceite, el agua, las piedras, la arena, la sal, el fuego, el cristal, el aire, las frutas, los árboles, los pájaros, la ceniza han quedado sacralizados por su palabra e incorporados a nuestra interioridad, el poeta, llevado por el tiempo, los dolores y los triunfos, se vuelve ya sobre sí mismo. Es la época en que su enemiga, la Muerte, hace una Danza Universal y reúne para arrojarlos a los hombres, a los jóvenes, a los niños. Simultáneamente, la Enemiga le arrebata brutalmente al hijo adoptivo y al hermano doloroso. Miguel y Stefan Zweig y la Segunda Guerra Mundial la entenebrecen otra vez, pero ahora, clamando desde las profundas tinieblas, consolando, fortificando, asistiendo, va conociendo ya su propia muerte. Y presintiendo el punto de toque de su ciclo, la mirará ahora, para sí misma, como hermana que la llevará, precisamente allí donde la muerte es mentira, allí donde la Otra ya no existe. Así, después de *Lagar,* donde esto, en "Luto", en "Locas mujeres" y muchos otros poemas, queda ya cumpliéndose de un modo sobrecogedor; y después del *Poema de Chile,* hondísimo y monocorde en su inconclusión dolorosa y sugestiva, se adentra más y más en esa zona que Valverde llama "del cuchicheo cordial" o "salmodia brezadora". Poco conocemos aún de esto, y lo atisbado nos deja sentir una intensificación de la interioridad correspondiendo ya con las zonas más acendradas y sublimes de su alma. Y de nuestra alma colectiva. Es la continuación depurada del tono que ya deja plamado en sus maravillosos "Recados" en verso, de *Tala,* que nos llevarán a poemas como "Ha sesenta años",

"La contadora", "Balada de mi nombre", y otros que hemos podido conocer gracias al trabajo superior de explicación poética que Ester de Cáceres hizo con ellos. Un crítico italiano, Francesco Torti, dice que estos poemas confiesan "un retorno a los orígenes, que consiste en una identificación con la zona más profunda y secreta de la estirpe y de la lengua, con la raíz de la vida y del canto".

El "retorno a los orígenes", de los cuales vuelve a surgir la vida, como lo prueban todos los otros poemas de *Lagar* —sus últimos mensajes de preocupación por el destino de nuestra América—, constituye igualmente la última religazón. Poesía, pues, como dice Ester de Cáceres, que inaugura experiencialmente la verdadera poesía religiosa americana.

Quizá en estos poemas —dice la admirable uruguaya— se acentúa y culmina el proceso total de la escritora... En estos versos todavía inéditos se llega a más escueta expresión, a más ceñida síntesis... La autora encuentra siempre una compensación que amortigua toda sequedad; hay a cada paso una poesía viviente, de profundo origen... un estado poético que es la clave de los cantos:

El nombre mío me he perdido, / ¿dónde vive, dónde prospera?
Nombre de infancia, gota de leche, / rama de mirto tan ligera...
...
Pero me cuentan que camina / por las quiebras de mi montaña,
tarde a la tarde silencioso / y sin mi cuerpo y vuelto mi alma.
...
Gracias te doy por el tordo vehemente / que canta y canta en la higuera
[escogida.

Esta poesía, esta ascesis final de su canto, vale por la hazaña de completar el periplo del alma. De sabernos en ella capaces de la religazón originaria de los hombres y las cosas con Dios. El círculo se cierra cuando la voz toca en su acento más esencial, en su culminación con lo indecible.

Por esta voz, el pueblo y la tierra de América se reconocen también, como los otros, pueblo de Dios. Es decir, eterno.

EL CREDO POETICO
DE GABRIELA MISTRAL

por Marie-Lise Gazarian Gautier

Darás tu obra como se da un hijo:
restando sangre de tu corazón.

G. M.

Muerto Don Quijote, ¿qué va a ser de Sancho? Esta pregunta puede parecernos extraña en un artículo sobre Gabriela Mistral. Y, sin embargo, no está fuera de lugar. Es posible que Sancho llegue a ser un nuevo Don Quijote, más apegado a la realidad, más humano, y que, como testigo de lo que fue su amo, vaya por el mundo contando sus hazañas.

En su recorrido de España y de Hispanoamérica, la voz de Sancho se hará cada vez más fuerte, porque al hacerse el portavoz de Don Quijote se estará transformando en discípulo suyo, propagando su evangelio por donde sea. Alrededor de nuestro Sancho se está formando una armada arcangélica que ya no necesita de la celada de Don Quijote ni de sus lanzas, porque son poetas que pelean con una pluma alada. ¿No fue el sueño más grande de Cervantes ser poeta?

Estos poetas, discípulos de Don Quijote y discípulos de Cristo, cantan con un alma medieval la conquista del espíritu sobre la materia, o mejor dicho, sobre el materialismo. Tienen una misión: despertar las almas de los que duermen, enseñar a los jóvenes a encontrarse a sí mismos sin jamás imponerles a ellos sus propias creencias. Escriben con la misma sencillez y devoción que tenían los artesanos de la Edad Media cuando dibujaban, pintaban o labraban. El alma era entonces la compañera fiel de la obra y crear no era imitar. Crear una obra de arte era alabar a Dios y su creación, colocando al Señor en el centro de la vida. Estos poetas tienen los pies bien anclados en la realidad española y americana y la cabeza alzada hacia el cielo. Mientras avanzan en su marcha triunfal, realizando el cristianismo con un profundo sentido social, se destacan entre ellos los nombres de José Martí, Miguel de Unamuno, Juan Ramón Jiménez y Gabriela Mistral. "Una canción es una herida de amor que nos abrieron las cosas",[1] dijo Gabriela Mistral.

---

[1] Gabriela Mistral, "El Arte", *Desolación* (Santiago de Chile: Editorial del Pacífico, 1954), p. 225.

Gabriela Mistral se asomó a la doble vocación de maestra y poeta con una reverencia religiosa. Si para Juan Ramón Jiménez el "avance poético era avance hacia Dios",[2] y si al decir él: "mi mejor obra es mi constante arrepentimiento de mi obra",[3] no hacía más que entonar el mismo canto que entonara también la poetisa chilena cuando decía: "De toda creación saldrás con vergüenza, porque fue inferior a tu sueño maravilloso de Dios, que es la Naturaleza."[4]

Cuando Gabriela insistía en la presencia del alma en el trabajo cotidiano: "Apresúrate a dejar pintado el semblante de tu alma en la faena",[5] y añadía, en otra ocasión: "El trabajo es un asunto importante... El alma aparece como socia y la pasión, de visible, casi se palpa",[6] lo escribía con palabras que hubieran podido ser de José Martí. El poeta cubano tenía el mismo concepto visual del alma; para los dos, el alma tenía forma, una forma casi palpable. Dijo Gabriela: "Confesarles a ustedes mi fe en este Martí sobrenatural viene a ser solamente decirles que yo juro a puños cerrados por la veracidad de su poesía. Y es que ella, entre su cadena de virtudes, tiene la de un tacto particular, que raramente entrega el poeta, el tacto de lo veraz, de una verdad de ver y tocar, aunque se trate de lo inefable."[7]

Antes de exponer con más detalles el credo poético de Gabriela, sería conveniente evocar los motivos que la hicieron escribir. Para ella, escribir era dar a la juventud una lectura que ennobleciera y elevara las cosas de cada día como, por ejemplo, el pan, la mesa, la puerta y la tierra americana en todos sus surcos. Su prosa y su poesía se parecen por lo tanto a una pintura holandesa que lleva al lienzo lo cotidiano y diminuto y lo enaltece. Escribió Gabriela: "Otra forma de patriotismo que nos falta cultivar es ésta de ir pintando con filial ternura, sierra a sierra y río a río, la tierra de milagro sobre la cual caminamos."[8] Escribir era también una manera de desahogarse pero supo trascender su dolor personal y transformarlo en amor universal. La poesía llegó a ser una forma de consolar a los demás, defender la causa del indio, cantar a la mujer en estado y a los niños desamparados; fue también un canto épico a la tierra americana. Así que para Gabriela, como para Miguel de Unamuno, el dolor no engendró la nada sino la esperanza y una nueva vitalidad; no fue una derrota, sino una vía de triunfo espiritual, una manera de elevarse y de levantar a los demás. Escribir era para Gabriela sentirse libre, dar rienda suelta a la sinceridad de sus sentimientos como mujer madura que llevaba dentro del alma la pureza de sus cuatro añitos:

[2] Juan Ramón Jiménez, "Notas", *Libros de poesía* (Madrid: Colección Premio Nobel, Aguilar, 1957), p. 1,385.
[3] *Ibid.*, p. XXXVII.
[4] Gabriela Mistral, "Decálogo del artista", p. 228.
[5] Gabriela Mistral, "La hora que pasa", *Lecturas para mujeres* (México: Secretaría de Educación, 1923), p. 193.
[6] Gabriela Mistral, "El alma en la artesanía", *Repertorio Americano* (San José, Costa Rica), XVI (24 de marzo de 1928), p. 178.
[7] Gabriela Mistral, "Los Versos Sencillos de José Martí", *Cuadernos de Cultura*, Serie 5 (1939), p. 27.
[8] Gabriela Mistral, *Lecturas para mujeres*, p. 11.

Ma llaman "cuatro añitos"
y ya tenía doce años.
Así me mentaban, pues
no hacía lo de mis años:
no cosía, no zurcía,
tenía los ojos vagos,
cuentos pedía, romances,
y no lavaba los platos.
¡Ay! y, sobre todo, a causa
de un hablar así, rimado.[9]

Al igual que José Martí, Miguel de Unamuno y Federico García Lorca, retuvo hasta el final de su vida esa chispa de la infancia: "Y voy llevando mi infancia como una flor preferida que me perfuma la mano." [10] Don Miguel dijo una vez: "Desconfío de los hombres que no llevan a flor de alma los recuerdos de la infancia." [11] Y dijo Gabriela: "Escribir me suele alegrar; siempre me suaviza el ánimo y me regala un día ingenuo, tierno, infantil. Es la sensación de haber estado por unas horas en mi patria real, en mi costumbre, en mi suelto antojo, en mi libertad total." [12] También dijo:

Ahora me vengo acordando,
porque cansado te veo,
que aquel cantar me aliviana
de mucho, casi de todo,
todo, todo lo olvidaba.
Las gentes se me reían
de la voz y las palabras
y yo seguía, seguía ...[13]

Escribir era para ella un ejercicio místico, camino a la perfección ética y estética, una ascensión paso a paso hacia Dios y la eternidad. Con la humildad que la caracterizó toda la vida, dijo: "Aunque siempre lo hice mal yo canté con alma y cuerpo." [14]

Ya que escribir fue para Gabriela un santo oficio, no hace falta decir que la palabra cobró para ella un significado bíblico. Su lenguaje fue el idioma vital y apasionado con el cual los místicos alabaron a Dios. Era un lenguaje que le salía del alma y del cuerpo, como se habla y como se siente. Era un lenguaje que brotaba de la fuente religiosa del Antiguo y Nuevo Tes-

---

[9] Gabriela Mistral, "Aveces, mama, te digo...", *Poema de Chile* (Santiago de Chile: Editorial Pomaire, 1967), p. 40.

[10] Gabriela Mistral, "Tordos", *Poema de Chile*, p. 58.

[11] "Encuentro de otra carta de Unamuno para Darío", *Seminario Archivo Rubén Darío* (Madrid), VI, 1962; reproducida en Manuel García Blanco, *América y Unamuno* (Madrid: Editorial Gredos, 1964), p. 65.

[12] Gabriela Mistral, *Páginas en prosa* (Buenos Aires: Editorial Kapelusz, 1965), p. 2.

[13] Gabriela Mistral, "Frutillar", *Poema de Chile*, p. 155.

[14] *Ibid.*

tamento, era también el lenguaje popular que tenía sus raíces en el campo chileno, con su fauna y flora, el lenguaje de la América en su totalidad. También era el lenguaje clásico de los españoles que llegaron a América a entregar al indio una "lengua prestada", la de la Madre Patria. Esa lengua la heredó Gabriela para cantar la realidad americana, cantar a Dios y a sus criaturas.

La palabra no podía procrearse en la tibieza sino en un fervor religioso. Era de fuego y de ardor, era de agua y de ternura. Por esa razón toda su obra literaria es original, espontánea y sincera. Escribió como se habla, en un continuo anhelo de eternidad sin nunca perder de vista el mundo americano. Escribió con el cuerpo y el alma, en un afán de cielo y de tierra.

Sintió la urgencia de revisar, corregir y pulir su poesía. Fue el juez más exigente de su propia obra, ya que siempre anduvo en busca de la sencillez depurada. Sometía su propia obra, a la que analizaba con espíritu crítico, al tormento de un rehacer constante: "Escribo sin prisa, generalmente, y otras veces con una rapidez vertical de rodado de piedras en la Cordillera... Corrijo bastante más de lo que la gente puede creer, leyendo unos versos que aún así se me quedan bárbaros. Salí de un laberinto de cerros y algo de ese nudo sin desatadura posible queda en lo que hago, sea verso o sea prosa." [15]

¡Quién mejor que Gabriela para llevarnos por el mundo mágico de su poesía! Su credo poético lo expresó a lo largo de la obra y siempre lo relacionó con Dios, en un anhelo de belleza absoluta. "Amarás la belleza, que es la sombra de Dios sobre el Universo",[16] dijo en su "Decálogo del artista". También escribió: "Amo la belleza y estoy de rodillas junto a ella adonde quiera que está."[17] La belleza no era sólo la belleza exterior, la del cisne blanco de los modernistas, sino la belleza escondida, la del alma, la que se encuentra en la raíz humilde de una rosa, debajo de la tierra. Pero también la belleza significaba misericordia, sinceridad y sencillez. Dijo Gabriela: "Si algo vale en mí, no es un mal verso o una mala prosa, es mi sinceridad casi desconcertante, mi lealtad para los míos, mi imposibilidad para herir a nadie." [18] Bien hubiera podido decir como Martí: "¿Vivir impuro? ¡No vivas, hijo!" [19]

Escribir un poema es como volver de un viaje. Si no hay país hay que inventárselo en la realidad cotidiana, en el ensueño, en la fusión de la realidad con la fantasía. Cada poeta sigue su musa, su duende, su inspiración para ponerse a escribir. Gabriela no creía en la inspiración, pero sí creía en el don divino, en la Gracia, seguida luego de autodisciplina y de humildad por parte del poeta: "Yo te invoco, Señor, Dueño de la Gracia, al empezar mi

[15] Gabriela Mistral, *Páginas en prosa,* p. 2.
[16] Gabriela Mistral, "Decálogo del artista", *Desolación,* p. 227.
[17] Gabriela Mistral, una carta a Nataniel Yáñez Silva, en Raúl Silva Castro, *Producción de Gabriela Mistral de 1912 a 1918* (Santiago de Chile: Ediciones AUCH, Anales de la Universidad de Chile, 1957), p. 174.
[18] Gabriela Mistral, *Epistolario. Cartas a Eugenio Labarca (1915-1916)* (Santiago de Chile: Ediciones AUCH, 1957), p. 40.
[19] José Martí, "Mi reyecillo", *Versos* (New York: Las Américas Publishing Company, 1967), p. 83.

trabajo. Entre ella en mi aposento cerrado, y ponga sus manos en mí. Sin la Gracia mi estudio sería un jadeo, y yo no lo quiero faena con gemidos." [20]

La verdadera obra de arte le sale a Gabriela cuando se depoja de su propia voluntad y se entrega plenamente a la poesía como si se tratara de la unión mística con Dios. Gabriela relata su aventura con la poesía en varias etapas de la vida y lo hace en formas distintas, pero la experiencia queda idéntica en esencia: culmina la entrega, el don de sí mismo, en el alcance de la sencillez depurada. Dijo en un poema: "Llegaré desnuda al mar" [21] y, en otro:

Una en mí maté:
Yo no la amaba.

Era la flor llameando
del cactus de la montaña;
era aridez y fuego;
nunca se refrescaba.[22]

En un diálogo imaginario con Santa Teresa, la gran mística le da a Gabriela sus preceptos del arte, pero detrás de la monja con quien se le ha comparado tantas veces, nos está hablando Gabriela: "Oye: en cuanto vuelves y revuelves, lo que vas a decir, se te pudre, como una fruta magullada; se te endurecen las palabras, hija, y es que atajan a la Gracia, que iba caminando a tu encuentro. Para eso de los versos, te limpiarás de toda voluntad; el camino no es de empujar nosotros hacia Dios, sino que Dios empuja los conceptos hacia nosotros. Entonces ellos nacen sin las aristas de las cosas que aquí hacemos, con esa redondez de naranja valenciana. Y no olvidarse de que ello es un juego gracioso con el Espíritu, y nada de cosas para engreírse, ni que libera de hacer las otras, los trabajos duros." [23] En el mismo artículo sigue diciendo: "¿Sabes cómo es la Gracia? Mira: se entra en el cielo como por sorpresa. Como cuando apoyados en una puerta, que no sabíamos que existiera, ella de pronto cede." [24] En *Poema de Chile* habla Gabriela de la belleza invisible de la Gracia y en un acto de humildad confiesa que no la alcanzó jamás:

—La gracia es cosa tan fina
y tan dulce y tan callada
que los que la llevan no
pueden nunca declararla,
porque ellos mismos no saben
que va en su voz o en su marcha

[20] Gabriela Mistral, "Oración del estudiante a la Gracia", *Repertorio Americano* (San José, Costa Rica), VIII, No. 9 (mayo de 1924), p. 129.
[21] Gabriela Mistral, "Emigrada judía", *Lagar* (Santiago de Chile: Editorial del Pacífico, 1954), p. 171.
[22] Gabriela Mistral, "La otra", *Lagar*, p. 9.
[23] Gabriela Mistral, "Castilla II", *El Mercurio* (Santiago de Chile), 19 de julio de 1925.
[24] *Ibid.*

o que está en un no sé qué
de aire, de voz o mirada.
Yo no la alcancé, chiquito,
pero la vi de pasada
en el mirar de los niños,
de viejo o mujer doblada
sobre su faena o en
el gesto de una montaña.[25]

En "La flor del aire", Gabriela cuenta su aventura con la poesía a quien llama "Mujer de la pradera". Hace de ella una reina y Gabriela se transforma en su sierva, cumpliendo frenética con todos sus mandamientos: subir al monte, traerle flores blancas, rojas, amarillas, sin color. Con cada subida y bajada de la montaña, Gabriela está recorriendo paso a paso el camino de la perfección; cada subida equivale a una etapa o morada en el ascenso místico. La unión mística con la poesía se logra de repente, como por sorpresa, después de muchos sacrificios y tanteos, cuando Gabriela echa a un lado el mundo visible y penetra en el reino puro y sencillo del ensueño para cortar las flores del aire. Se rinde a los pies de la Poesía, siguiéndola en éxtasis, toda transfigurada por la belleza recóndita del alma:

cargada así de tantas flores,
con espaldas y mano aéreas,
siempre cortándolas del aire
y con los aires como siega . . .

Ella delante va sin cara;
ella delante va sin huella,
y yo la sigo todavía
entre los gajos de la niebla.

con estas flores sin color,
ni blanquecinas ni bermejas,
hasta mi entrega sobre el límite,
cuando mi Tiempo se disuelva . . .[26]

¿No dijo una vez José Martí: "¿Flores? ¡No quiero flores! ¡Las del cielo quisiera yo segar!"? [27]

Cada poeta tiene un no sé qué de místico, un no sé qué de filósofo, dijo Rubén Darío. Cada poeta es un acróbata porque puede bailar en el aire sobre cuerdas y alambres. Con su poesía, el poeta está suspendido entre el cielo y la tierra y participa de los secretos de ambos. En su poema "Una piadosa", Gabriela quiere ver al hombre del faro, al hombre que disfruta de la tierra y del cielo:

[25] Gabriela Mistral, "Flores", *Poema de Chile*, p. 91.
[26] Gabriela Mistral, "La flor del aire", *Tala* (Buenos Aires: Editorial Losada, 1946), p. 47.
[27] José Martí, "Flores del cielo", *Versos*, p. 113.

Pero voy a la torre del faro,
subiéndome ruta de filos
por el hombre que va a contarme
lo terrestre y lo divino,
y en brazo y brazo lo llevo
jarro de leche, sorbo de vino . . .[28]

La poesía es una "ronda" entre la tierra y el cielo.

El mundo poético de Gabriela consiste por lo tanto en un encuentro ar-
monioso del cielo con la tierra. Junta lo abstracto con lo concreto y crea
una poesía cósmica que da cuerpo tanto al mundo invisible como al visible.
Esta unión de lo sobrenatural con lo humano la logra al espiritualizar la
tierra y al humanizar lo divino. David, Job, Ruth y Cristo son amigos con
los cuales entabla coloquios, cara a cara, haciéndoles preguntas que esperan
respuestas.

El poeta, como el niño, se siente igualmente a gusto en el mundo invisible
y el visible. El niño juega con la misma facilidad con sus amiguitos creados
por la propia imaginación que con el vecino de al lado. Gabriela vivió a la
vez en el mundo mágico de los niños y en el de los adultos. En realidad nunca
se olvidó de que de pequeña, cuando se llamaba Lucila, dialogaba con los
almendros en flor, los pájaros y la hierba y que entendía el silbo del viento
y aprendió a bautizar las cosas amadas. ¿Después de todo no le había quitado
al viento el nombre de Mistral?

—Tal vez, chiquito. Me gusta
caminar con él, seguirlo,
hablarle a trechos, decirle
viejas palabras mimosas.
El tiene cuarenta nombres
y uno le robé, sin miedo.[29]

Dijo también en su poema "Todas íbamos a ser reinas":

Y Lucila, que habla a río,
a montaña y cañaveral,
en las lunas de la locura
recibió reino de verdad.[30]

Y el reino era el de la poesía, el reino sin límite.

Gabriela llevó la religión al alcance del pueblo cuando al escribir sus
vidas de santos humanizó a cada uno de ellos, bajándoles de sus nichos le-
janos y fríos para darles facciones conocidas y amadas. Por esta razón no

---

[28] Gabriela Mistral, "Una piadosa", *Lagar*, p. 86.
[29] Gabriela Mistral, "Copihues", *Poema de Chile*, p. 201.
[30] Gabriela Mistral, "Todas íbamos a ser reinas", *Tala*, p. 95.

le tenía miedo a la muerte porque sabía que a las puertas del cielo la esperaría la Virgen, con los ojos verdes de su madre. Así el mundo invisible cobró para ella una forma familiar y acogedora: "Quiero decir con esta divagación que no perdí el «arrullo» de los dos años: me duermo todavía sobre un vago soporte materno y con frecuencia paso de una frase rezagada de mi madre o mía, al gran regazo obscuro de la Madre divina que desde la otra orilla me recoge como a un alga rota que fue batida el día entero y vuelve a ella." [31]

En cuanto al mundo visible, Gabriela lo elevó a un nivel espiritual y, como San Francisco de Asís, su santo favorito, descubrió en cada flor y planta, en cada piedra y cada animalito, una belleza escondida, la ilimitada hermosura del Creador. Aprendió ese contacto directo con la naturaleza, cuando de pequeña su madre doña Petronila la llevaba de la mano, nombrándole una por una las flores y plantas de su Valle de Elqui:

—Chiquito, yo fui huertera.
Este amor me dio la mama.
Nos íbamos por el campo
por frutas o hierbas que sanan.
Yo le preguntaba andando
por árboles y por matas
y ella se los conocía
con virtudes y con mañas.[32]

El Valle de Elqui llegó a formar el subsuelo de su poesía, y sus montañas, color de piedra blanca, color de piedra rosada, color de piedra verde y gris, acompañaron a Gabriela a lo largo de su viaje por la vida, como mil madres. Nunca se iba a olvidar Gabriela de cada pliegue de la Cordillera de los Andes. Como los místicos que le dieron a Cristo muchos nombres para glorificarlo, Gabriela alabó la naturaleza dando a cada uno de los elementos una característica, o bien humana o bien divina. La montaña llegó a ser la "Criatura Temperamental", "La gran Filuda", "La madre formidable a sol y a viento", "Santo de los santos de nuestro continente", "Dragón geológico", "La Bestia de granito", "La Tremenda", "Centaura de piedra", "Matriarca original", "Madre yacente", "Madre que anda", "Madre sin rodillas", "Madre augusta". El mar, a veces la mar, tomó las características de ambos padre y madre y lo llamó: "El Mandón", "El Amo", "El gran Tritón", "El Vagabundo Mayor", "El Tremendo Veleidoso", "Nuestro Señor", "Padre", "Agua Madre", "Contra Madre", "Madre Maravillosa". Para Gabriela era un lindo oficio el de dar nombres a las cosas. ¿No era el árbol un padre y un amante y la hierba una ahijada? ¿No fue uno de los deleites de Gabriela dar apodos a sus amigos, como muestra de confianza y de cariño?

La tierra llegó a encerrar para ella un atractivo casi sobrenatural, ya que

[31] Gabriela Mistral, "Colofón con cara de excusa", *Ternura* (Buenos Aires: Espasa-Calpe, 1949), p. 162.
[32] Gabriela Mistral, "Huerta", *Poema de Chile*, pp. 52-53.

dotó de un alma a toda la naturaleza. A la tierra la llamó "Madre" y se hizo su colaboradora. En su poema "Ayudadores", confecciona un niño con la participación de toda la naturaleza:

> Mientras el niño se me duerme,
> sin que lo sepa ni la tierra,
> por ayudarme en acabarlo
> sus cabellos hace la hierba,
> sus deditos la palma-dátil
> y las uñas la buena cera.
> Los caracoles dan su oído
> y la fresa roja su lengua,
> y el arroyo le trae risas
> y el monte le manda paciencias.[33]

Y en el *Poema de Chile* pide consejos al viento, a la montaña y al río:

> La montaña me aconseja,
> el viento me enseña el canto
> y el río corre diciendo
> que va a la mar de su muerte,
> como yo, loco y cantando.[34]

Además de conquistar el espacio al juntar la tierra con el cielo, Gabriela supo vencer el tiempo. Como un prestidigitador, jugó con el pasado, el presente y el futuro para crear un mundo poético fuera de tiempo. Casi no hay separación entre la vida y la muerte y, viva, sueña Gabriela con la muerte que es una muerte llena de vida, una muerte que no se aleja de la tierra que le atraía como un imán:

> Es la tierra en la que yo
> tu pobre mama fantasma
> fue feliz como los jájaros.[35]

En su poema "Marta y María", cuando se muere María, Gabriela apenas nos hace sentir la muerte. Es un pasar "sin voz ni gesto", es un despertar a la vida. Don Quijote muerto, Sancho, que se ha ido quijotizando poco a poco, vuelve a ser otro Don Quijote. Al morir María, Marta llega poco a poco a parecerse a su hermana. Con el fervor religioso que antes era de ella, Marta, ya Marta-María, muere sin darse cuenta de que acaba de nacer a la vida eterna. Y en aquel momento de milagro Gabriela la mira con amor:

---

[33] Gabriela Mistral, "Ayudadores", *Lagar*, p. 29.
[34] Gabriela Mistral, "Copihues", *Poema de Chile*, p. 202.
[35] Gabriela Mistral, "Flores", *Poema de Chile*, p. 92.

Hacia María pedía ir
y hacia ella se iba, se iba,
diciendo: "¡María!", sólo eso,
y volviendo a decir: "¡María!"
y con tanto fervor llamaba
que, sin saberlo, ella partía,
soltando la hebra del hálito
que su pecho no defendía.
Ya iba los aires subiendo,
ya "no era" y no lo sabía . . .[36]

En su poema "El reparto", Gabriela conquista el espacio y el tiempo y se ve ya muerta, disfrutando como Marta y María de la paz eterna. Colmada de serenidad, deja a un lado toda voluntad y se ofrece en cuerpo y alma a toda la humanidad:

Si me ponen al costado
la ciega de nacimiento,
le diré, bajo, bajito,
con la voz llena de polvo:
—Hermana, toma mis ojos.[37]

Pero en realidad Gabriela no ha dejado a un lado toda voluntad; le queda una por hacer, su última voluntad antes de entregarse plenamente a la muerte y la vida eterna: volver a ver su patria. Su último poema, o su última aventura con la poesía, es un viaje imaginario por la tierra chilena. Ya muerta, pero visible para un niño indio y un huemul, recorre su tierra de norte a sur y paso a paso les enseña al niño y al animalito la belleza mágica del campo. Este poema es tal vez el gesto más tierno de esta infatigable viajera que solía llamarse "patiloca", y que de joven fue maestra de geografía. El *Poema de Chile* es un poema de ensueño y de realidad, es una geografía cantada y caminada. Su poesía nació en Chile y Gabriela le pone su punto final en Chile. No en vano dijo de ella Salvador de Madariaga: "Universal de espíritu, trotacontinentes de cuerpo, Gabriela Mistral vivió y murió con el corazón en Chile."[38]

Gabriela, la mujer-espíritu, igual que Don Quijote, se detiene por las huertas compartiendo con sus dos pequeños compañeros la maravilla del campo y, como él, al acercarse a las ciudades ruidosas pasa de largo aceleradamente. En el caminar con ellos cogidos de la mano, se hace el hallazgo. Gabriela se encuentra consigo misma, con la pequeña Lucila, y en ese desdoblamiento del niño-niña va redescubriendo la pureza y sencillez de la infancia. Nos entrega, entonces, todo espiritualizado, el concepto de su rea-

[36] Gabriela Mistral, "Marta y María", *Lagar*, p. 78.
[37] Gabriela Mistral, "El reparto", *Lagar*, p. 13.
[38] Salvador de Madariaga, *Homenaje a Gabriela Mistral (1889-1957)* (Londres: Diamante, 1958), VII, p. 3.

lidad chilena, un concepto parecido al de su hermano espiritual San Francisco de Asís.

Cervantes puso un punto final a su Don Quijote al hacerle volver a su aldea de la Mancha y morir con el apodo de "Bueno", rodeado de sus familiares y amigos. Don Quijote, ya Alonso Quijano, se iba a encontrarse con Dios, la suprema realidad.

Gabriela, la mujer andariega, que al igual que Santa Teresa vivió en un constante ir y venir angustiado, puso fin a sus propias andanzas por medio de su pluma mágica. Su último poema se termina en la despedida. Purificada con su hallazgo de la infancia y su redescubrimiento de su tierra chilena, pueda ya entregarse a Dios y, colmada de felicidad, disfrutar en El de la paz eterna. Y Lucila Godoy Alcayaga y Gabriela Mistral se hacen una en El: "Ya me llama el que es mi Dueño . . ." [39]

Pero no ha muerto porque nos dejó su mensaje de justicia y de paz. Está aquí, su espíritu nos envuelve, su sonrisa y su mirada están en las de los seres privilegiados que pudimos acercarnos a ella, su voz está en la de los niños que aprendieron a leer en sus versos. Su nombre es a la vez tan corriente y mágico como el pan de cada día.

[39] Gabriela Mistral, "Despedida", *Poema de Chile*, p. 244.

PAISAJE Y POESIA
EN GABRIELA MISTRAL

por Eugenio Florit

Demos por sentado, o más bien pasemos por alto algunas fechas en la historia: su nacimiento en Chile en 1888; su infancia en el pueblecito del valle de Elqui, junto a un padre cariñoso y errante y una madre buena y abnegada; su carrera como maestra rural; el primer gran momento trágico de su vida —el suicidio de Romelio Ureta, que ella idealizó—, y con él su entrada en la literatura. La que hasta 1914 fue sólo la maestra Lucila Godoy Alcayaga, se convirtió desde entonces en Gabriela Mistral, la autora de los "Sonetos de la muerte", premiados en un certamen literario de su país en ese año. Ya Gabriela Mistral sale de Los Andes, y va a la gran ciudad. Y de la gran ciudad, al mundo. En 1922 aparece su primer libro *Desolación,* publicado por el Instituto Hispánico de la Universidad de Columbia, en New York. Y ese mismo año va Gabriela Mistral a México, llamada por el entonces Secretario de Educación, José Vasconcelos, a colaborar con él en su proyecto de mejorar las escuelas y los maestros de ese país. Y desde allí, al mundo siempre. Europa, las Antillas, Norteamérica, España, Francia, Italia, Brasil, y por fin Norteamérica otra vez. Y aquí, en los Estados Unidos, en el Roslyn Harbor de Long Island, termina su vida en los primeros días de 1957, "de una muerte callada y extranjera", como ella misma había dicho en uno de sus poemas.

Dejemos, pues, todo eso. Lo que deseo destacar en estas palabras son algunos de los aspectos de la poesía de esta mujer, sin duda una de las más extraordinarias que haya producido la lengua castellana. Y esas palabras quisiera organizarlas alrededor del tema del paisaje en esa obra. Un paisaje que, como me propongo explicar, es al propio tiempo exterior e interior, que vive fuera y dentro de ella y en el que la autora vive ,respira, sufre y ama. Ya veremos de qué manera intensa ama, sufre, respira y vive. De qué manera intensa simplemente *es.*

A Gabriela Mistral podemos situarla dentro del postmodernismo hispanoamericano, es decir, dentro de esa especie de reacción hacia la sencillez expresiva que sigue a ciertos modos refinados, elegantes y artificiosos del Modernismo. Pero sin olvidar que tanto Gabriela como sus compañeros de generación, como en realidad toda la poesía hispanoamericana y aún española contemporáneas, procede de ese movimiento fundamental de nuestra historia literaria, y cuyo jefe, en Hispanoamérica y en España, fue Rubén Darío. Precisamente se ha publicado hace poco una carta conservada en el archivo de Rubén Darío en España, y firmada por "Lucila Godoy, Profesora de Castellano del Liceo de niñas, Los Andes, 1912", dirigida a "nuestro grande y nobilísimo poeta", enviándole "un cuento original mui mío i unos versos, propios en absoluto", y en la que agrega: "Yo, Rubén, soy una desconocida; yo no publico sino desde dos meses en nuestro *Sucesos;* yo, maestra, nunca pensé antes en hacer estas cosas que usted, el mago de la *Niña-Rosa (sic)* me ha tentado i empujado a que haga..." Ya al año siguiente, en el propio pueblo de Los Andes, la carta dice: "Lucila Godoy (Gabriela Mistral) saluda muy afectuosa y respetuosamente al grande i caro Rubén i le agradece la publicación en *Elegancia* de su cuento y sus versos..." La presencia del seudónimo es, como se ve, de 1913. La admiración hacia el maestro de la poesía castellana es de antes. Maestro, pues, Rubén Darío, de Gabriela Mistal, como de Delmira Agustini, como de todas y todos los demás. Lo que ocurre es que en medio de esas voces, de esas mujeres que en el primer tercio de este siglo realizan una verdadera revolución en nuestra poesía, por la franqueza, por la libertad de expresión de sus sentimientos, sobre todo los eróticos; y en relación con todas las demás poetisas del mundo, los versos de Gabriela Mistral son diferentes a todos los que se escribieron antes de ella, y por eso, su aporte es originalísimo y profundamente personal.

En la poesía de Gabriela Mistral —como en la de todo gran poeta— se da todo, y en esa totalidad tiene parte muy preponderante el amor, que en *Desolación* es amor humano. Amor a un hombre, sobre todo; y la tragedia de su muerte, y el amor angustiado que sigue a esa violenta separación. Ese amor lo vemos transformado en *Tala,* su segundo libro importante (1938) en amor universal a la tierra, a la naturaleza, a América, al Hombre. El tercero de sus libros, *Lagar* (1954), continúa la obra expansiva del amor ecuménico de Gabriela, pero a la vez intensifica otra de sus características: la presencia de la muerte, no ya como tragedia, según apareció al principio de su obra, sino como misterio. Habrán observado ustedes que me acabo de referir concretamente a los dos paisajes de los que quiero escribir en esta ocasión. Vamos, pues, al primero, al exterior.

Tengo para mí que Gabriela Mistral es el poeta hispanoamericano contemporáneo en el que el paisaje se ve con mayor realidad y mayor intensidad. No es solamente el paisaje de su tierra —aquel que en el valle de Elqui abrió sus ojos de niña ya soñadora y miradora, sino el de toda la América, desde el de la Patagonia, tan magistralmente descrito ya en *Desolación,* hasta el de México y las Antillas de sus libros posteriores. En esta relación con el paisaje habría que situar a Gabriela Mistral cerca de su compatriota Pablo Neruda —y es curioso observar que ambos poetas son chilenos, del "rincón más apartado del mundo", del "extremo de la tierra", según algunas de las explicaciones etimológicas de la palabra Chile. Pero que ambos, tal vez por eso mismo, han sabido salir a lo ancho del mundo. En Gabriela Mistral hay un cosmopolitismo bien diferente del que encontramos en los escritores modernistas nuestros, o aún en el de las escuelas poéticas de vanguardia, que parece más bien ligero, inquieto, elegante, volandero. El cosmopolitismo de Gabriela Mistral es ecuménico, católico. Y en eso también difiere esta mujer de sus contemporáneas. Las otras poetisas americanas de esa época —excelentes, desde luego—, me parecen a mí limitadas, más provincianas; metidas en lo suyo, en su egocentrismo pasional o sentimental. Gabriela Mistral, por el contrario, supo desde muy pronto equilibrar su pasión —y qué tremenda pasión la suya— con su ojo para ver y mirar lo exterior a su alma. Se miró a sí misma, sí, pero supo mirar también a Chile, a América, al mundo, y nos ha dejado un paisaje poderoso o suave, según lo veía, y todo él lleno de figuras: niños que bailan sus rondas de juegos, hombres que sufren y trabajan. *Tala* contiene, entre otras cosas de primera calidad, dos himnos, "Sol trópico" y "Cordillera", elocuentes poemas en los que yo veo aparecer lo más hondo, lo fundamental de nuestra tierra y nuestro aire, que luego, en tono más pequeño, pero no menos intenso, aparecerá en la sección llamada "Naturaleza", de *Lagar,* con su amapola de California, el ocotillo de Arizona, la palma de Cuba, la espiga uruguaya, y el maizal, y la ceiba, y todo lo demás. Gabriela Mistral fue pasando por América, de sur a norte, de este a oeste, mirando las cosas y nombrándolas en sus poemas, dejándolas vivas para nosotros. Esta condición de salir de uno mismo, de nuestro país, me parece a mí que es la marca que ha distinguido siempre a los grandes escritores americanos. Recuerdo que uno de mis profesores de Derecho Internacional en la Universidad de La Habana, que al mismo tiempo era Juez del Tribunal de Justicia Internacional de La Haya, solía aconsejarnos a los jóvenes que estudiásemos idiomas extranjeros, porque —decía con voz despaciosa y tenue el venerable profesor— aquella persona que no conoce más que su propio idioma no está complemente civilizada. Pues a mí me parece que tampoco está completamente civilizada aquella persona que no conoce más que su pueblo, su ciudad, su país. El hombre ha de salir, ver, comparar, admirar, y darse cuenta de que el mundo no termina a la puerta de su casa. Y todos nuestros grandes americanos, por gusto o necesidad, por estudio o destierro, viajaron, y Andrés Bello salió de Caracas y fue a Londres y luego a Chile; y Heredia, de Cuba, pasó a los Estados Unidos, y después a México; y Martí vivió en su patria, Cuba, y se derramó por casi toda la región del Caribe y del Golfo, en Venezuela y en Guatemala, y en México y en España y en los Estados Unidos; y Rubén Darío fue chileno en Chile y argentino en Buenos Aires, y español en España y francés en París. Ni uno solo de nuestros grandes hombres o mujeres se quedó tranquilo en su rincón, porque al hombre hay que conocerlo donde vive y donde muere, viviendo y muriendo con él, cerca de sus angustias y de sus esperanzas, acariciando a sus niños y respetando a sus ancianos. Esta condición de ser hombre y mujer total la tuvo en grado extremo Gabriela Mistral. Mujer errante, supo transitar por muchos caminos y detenerse en la sombra de muchos árboles a mirar el paisaje para describirlo después como si fuera el suyo propio, porque ella se daba a todo camino, y a todo árbol y a todo niño con una entrega total generosa.

Junto al paisaje de Gabriela están las cosas. "Cosas", llama a un grupito de poemas en su libro *Tala*, de los que voy a citar algunos versos:

Amo las cosas que nunca tuve
con las otras que ya no tengo:

Yo toco un agua silenciosa,
parada en pastos friolentos,
que sin un viento tiritaba
en el huerto que era mi huerto [...]

Me busco un verso que he perdido,
que a los siete años me dijeron.
Fue una mujer haciendo el pan
y yo su santa boca veo [...]

Amo una piedra de Oaxaca
o Guatemala, a que me acerco,
roja y fija como mi cara
y cuya grieta da un aliento.

Al dormirme queda desnuda;
no sé por qué yo la volteo.
Y tal vez nunca la he tenido
y es mi sepulcro lo que veo...

O bien "Materias", del mismo libro, que son cosas elementales, como el pan otra vez, la sal, el agua, las frutas. O bien en *Lagar* las herramientas, las puertas. En esto de lo *material* también podríamos traer a la memoria, junto al de Gabriela, el nombre de Pablo Neruda, cuyos últimos libros de versos, sus varias colecciones de *Odas elementales* son un apasionado canto a las cosas. Sólo que pienso yo —con Sidonia Rosenbaun— que Gabriela, a medida que pasaron los años, iba desmaterializándose. Dice Miss Rosenbaun: "En *Tala* se puede advertir ese proceso de «desmaterialización», según se va desnudando la poetisa de todos sus temores y deseos mundanales, y surge pura y serena en el «aire dulce» de su esperanza y de su fe. Es ahora rica espiritualmente; lo que no le impide afirmar que «sin embargo, no ha perdido su contacto con la tierra»." Ese es el contacto con las cosas, con la materia. Lo que ocurre es que en Gabriela, las cosas, lo material, parece que es más bien una entrada en la *sustancia*, o tal vez mejor, en la *idea* de la materia. Casi una filosofía de lo material, que surge, así, en los versos de la poetisa chilena, absolutamente desnudo, puro y, paradójicamente hablando, inmaterializado.

José Martí era muy aficionado a la expresión "ala y raíz". Juan Ramón

Jiménez adereza y repite: "pero que las alas arraiguen y que las raíces vuelen". Entonces tenemos que Gabriela Mistral funda la raíz con el ala, de tal modo que nos parece ver que sus raíces vuelan desde el suelo, en tanto que las alas que pasan temblando por sus versos están muy hondas dentro del suelo que pisan sus pies.

Al otro lado de la medalla, en la obra poética de Gabriela Mistral está su paisaje interior, no vacío de figuras ciertamente; pero en el que lo que domina es su sentimiento. Por un lado, el amor de sus primeros años, con el consiguiente fracaso y la desolación que ese episodio dejó para siempre en su vida, cuyo ejemplo más evidente son *Los sonetos de la muerte.* Luego estará la alegría inocente que encontramos en sus canciones de cuna y en sus rondas infantiles llenas todas ellas de la ternura hacia las criaturitas de Dios en brazos de su madre o danzando libres en el campo, las sierras, junto al mar, pero que por el amor de la autora se subjetivizan, se interiorizan, pasando a formar parte integrante de *su* mundo interior. Y además, y es lo que ahora pretendo ver un poco más detenidamente, está el misterio, la presencia de la muerte, lo inefable, Dios, en una palabra. Agreguemos, en este punto, que todos esos temas a que acabo de referirme están expresados indistintamente a lo largo de su obra, y tejidos con otros, entrando y saliendo de sí, como la lanzadera que teje con los más diversos colores el tapiz final.

Hay en Gabriela Mistral algo que nos puede explicar, *a priori,* lo diferente, lo raro de su poesía, y que no es otra cosa que lo que un joven crítico cubano ha expresado diciendo que "esta mujer *trae,* más allá de su experiencia personal, una carga previa y extrañamente honda de dolor" que la asemeja a otros grandes poetas dolorosos de América, como Martí y Vallejo, por ejemplo, en los que la poesía no es otra cosa —y nada más y nada menos— que un desahogo del sufrimiento, ya que en ellos existe, por misterio, "una capacidad privilegiada de sufrir". Por esa creación, que procede de las más hondas entrañas del ser y del milagro, Gabriela Mistral pasó por este mundo con un aire de ausente, de distraída. Pedro Salinas, el gran poeta español muerto también por nuestra desgracia, supo una vez expresar esta característica de la gran mujer de Chile, y nos habló de cómo Gabriela Mistral fue siempre en contra del tiempo de los relojes, en contra de la hora, para ir en cambio sincronizada al puro tiempo. "El tiempo cósmico, el tiempo humano, el de las rocas, el de las entrañas, el de los nueve meses del hijo, el de las mareas, el de la flor, el del enamorado." "A dónde la llama —sigue diciendo—, no sé; será a su gran negocio, el gran negocio que se tienen el tiempo y Gabriela que es lo que la lleva tan distraída. Y ella acude, sonámbula." Uno de los más extraordinarios poemas de la poesía castellana, para mi gusto es, sin duda, "La flor del aire", que aparece en el grupo de "Historias de loca", en el libro *Tala.* Pienso volver a él más adelante, para explicación de lo misterioso en la poesía de esta mujer; pero ahora lo traigo a cuento porque en él nos dice cómo una de sus figuras va "sonámbula", y la otra persiguiendo a la errante —que es la Poesía—, "hasta mi entrega sobre el límite, / hasta que el Tiempo se disuelva". Este es, a mi ver, el Tiempo cósmico de que nos habla Salinas, el tiempo absoluto, que para serlo más, la poetisa escribe con *T* mayúscula. Un Tiempo semejante al que aparece en el último verso de la *Epístola moral a Fabio,* el otro extraordinario poema español del siglo XVII "antes que el tiempo muera en nuestros brazos". En un caso, el Tiempo se divuelve (no es que nosotros nos disolvamos en él); en el otro, el tiempo muere en nuestros brazos (no es que nosotros muramos en los suyos). Un concepto intensísimo, relación estrecha entre hombre y tiempo que termina en una disolución o en una muerte, no del hombre sino del concepto absoluto del Tiempo que, al desaparecer nosotros, para entrar en la eternidad desaparece él también.

Unicamente una persona así de distraída, tanto que parece estar *aún* fuera del mundo —digo *aún, todavía,* para indicar que Gabriela Mistral es de los seres en los que lo angelical anterior no ha desaparecido del todo—, puede dar en su obra literaria el tono de extrañeza y de misterio que estoy tratando de que veamos juntos. En toda ella se advierte la presencia de lo inefable, ese no sé qué que es la marca de la mejor Poesía. Un "inefable" que es para ella ambiente natural y propio, en el que parece vivir tan a su gusto y a su entera comodidad, sin darle importancia ni asombrarse ante las cosas extrañas que ve, porque luego las cuenta naturalmente. Recuerdo en este momento cómo José Martí dijo una vez, en un poema en que habla de su sueño, de su casi éxtasis, que luego "de mis sueños desciendo / ...y en papel amarillo / cuento el viaje". Así Gabriela Mistral nos está contando siempre sus sueños, sus sonambulismos, sus distracciones: su Poesía, en suma. Por eso, además, su palabra es diferente de la de toda poesía española de todos los tiempos, suya en ella misma, desmañada, a veces, como lo fue su propia apariencia personal; pero con un acento tan original —tan terriblemente original y tan terriblemente difícil de traducir que es la desesperación de todo aquel que lo ha intentado. El acento de Gabriela no está hecho de música, de consonancias y arreglos auditivos, de belleza sensual como, por ejemplo, el de gran parte de la obra de Juan Ramón Jiménez, que por lo mismo es bien difícil de verter a otra lengua—, sino que está hecho de grandes ecos del misterio, sí, pero expresado con palabras muchas veces rudas y siempre llenas de un último significado que también resulta intraducible. Ya se sabe, por otra parte, que lo que los pobres traductores hacemos, cuando más, es acercarnos —con toda humildad, porque si el traductor no es humilde la traición será aún mayor— a la obra original y ver si de alguna manera podemos sacar de ella, en el idioma en que pretendemos verterla, alguna mínima parte de su significado, que no de su forma, de su palabra. La palabra es el don de Dios para cada lengua, y —poéticamente— "pan" es sólo eso en español; y "bread" en inglés, y "pain" en francés, etc., etcétera. Y cuando el pan español lo traducimos al "bread" inglés ya estamos, de plano, traicionando una palabra, y, recordemos a Mallarmé, después de todo, señoras y señores, la poesía está hecha de palabras. Esto no quiere decir que hayamos de renunciar a las traducciones de ninguna manera; al fin y al cabo no sólo de pan vive el hombre, y no sólo de la poesía en su propio idioma debe vivir. Lo que digo es que frente a toda traducción debemos situarnos como frente a un intento de expresar lo inexplicable. Si la poesía en sí no es otra cosa que el intento de expresar lo inefable en un idioma determinado, en la lengua particular de un poeta dado, ya puede calcularse cómo quedará ese "inefable" trasvasado, y vuelto a trasvasar, con toda o la mayor parte de su esencia volatilizada.

Hemos dicho que el misterio y la muerte —muchas veces el misterio de la muerte— son temas muy frecuentes en la poesía de Gabriela Mistral. El punto es tan interesante y podríamos elaborar sobre él una extensa teoría que tal vez sea mejor ni intentarlo siquiera. Como tal vez podríamos estudiar el modo en que tal poema funciona en Gabriela Mistral y en Emily Dickinson —la otra extraña, la otra maravillosa extraña de la poesía universal. Apunto el tema aquí, tan sólo, y lo dejo abierto a la curiosidad de algún futuro estudioso. Acaso yo mismo pueda un día hallar tiempo para entrarme en el mundo maravilloso de estas dos mujeres de las Américas: del Norte y del Sur. A quienes pueda interesar lo misterioso como fantasmal, que en los postreros años de su vida, en el último de sus libros publicados, *Lagar*, proyecta la sombra y el recuerdo de su amor de juventud, ya sin lo ardoroso de aquellos años, ahora con la cercanía de la muerte, recomiendo la lectura de "La desvelada", poema en el que, tal vez mejor que en cualquier otro, se nos descubre la *realidad* de lo misterioso. Pero sigamos adelante.

Muchas veces la Poesía no logra ser expresada. El poeta se pasa la vida rondándola, enamorándola, como el palomo a la paloma. Y escribe buenos, magníficos versos. Y también, a veces, llega indirectamente a ella. En nuestra lengua, por ejemplo, San Juan de la Cruz es el que más cerca de ella estuvo, porque fue el que tuvo el más alto sentido religioso, que ya sabemos que toda poesía verdadera ha de tener. Sucede también que a veces se da con ella, con la "idea" de ella, como ocurre muchas veces en Martí, como ocurre en Bécquer. Por lo pronto, ya en la Rima I del poeta andaluz se dice:

> Yo soy, sobre el abismo,
> el puente que atraviesa;
> yo soy la ignota escala
> que el cielo une a la tierra.

Y tal es el caso del poema de Gabriela Mistral "La flor del Aire", al que me referí con anterioridad, y del que su propia autora dice: "«La aventura», quise llamarle, mi aventura con la poesía." Aparece el poema en la mitad de su obra, *Tala*, de 1938, que está entre *Desolación* (1922) y *Lagar* (1954). (*Ternura*, de 1925, es libro menor limitado a un solo tema, el de su amor a los niños.) Se trata, pues, de la segunda de las cuatro "Historias de loca", formadas por "La muerte-niña", "La flor del aire", "La sombra" y "El fantasma", tres de las cuales están escritas en versos de nueve sílabas, y "La sombra" en octosílabos. Son veinte estrofas asonantadas, en forma de balada a la antigua. Aquí también hay un paisaje con figuras. Dos figuras: una, Ella, la que habla y ordena; otra, la que obedece y actúa. El poema está construido en tres momentos que pudiéramos denominar I, el encuentro; II, los trabajos; III, la caminata final. En el primer momento, formado por las dos estrofas iniciales, Ella "Gobernadora del que pase / del que le hable y que la vea", comienza a hablar, ordenando a la otra figura, a la poetisa, que inicie su trabajo de cortar flores. No pide ni suplica: ordena y manda, como ocurre en toda la poesía verdaderamente "necesaria". Y el poeta —Gabriela Mistral— no tiene otra cosa que hacer sino obedecer, como sea, cortando las flores donde están, "Me subí a la ácida montaña, / busqué las flores donde albean"; y luego las rojas, las flores de demencia; y más tarde las amarillas; y por fin las sin color. Porque la Poesía no se conforma con eso; la terrible Poesía, dueña y señora, siempre pide más, y hasta pide lo imposible, como son estas flores sin color, que hay que cortarlas "de un aire y de otro aire / tomando el aire por mi huerta". Tal vez ello bastara; tal vez, al regresar de su último viaje por las flores del aire, Ella, la sin color, se conformara. Pero no. En el tercer momento del poema, Ella, que ha estado quieta, dando sus órdenes como una reina desde su trono en la mitad de la pradera, ha comenzado a caminar indiferente, sin mirar hacia atrás, sin hacer caso de la otra figura que, sin embargo, va siguiéndola, necesaria, indefectiblemente, cargada de flores y cortándolas del aire, en una entrega total a su destino. Ella no tiene ya cara, ni huella; no es más que una idea, es el fantasma de la poesía, tras el que todos vamos delirantes, dominados por su palabra que ordena, que es casi como la palabra de Dios en el monte Sinaí. El desenlace del poema lo contamos antes. Es la persistencia del destino del poeta hasta su final, hasta la entrega sobre el límite, hasta que su Tiempo se disuelva ...

Esta es la voz extraña —"misterio de la voz, que sólo puede conocerse en el enamoramiento y la participación", como dice Cintio Vitier—; la rareza, no como la veía Rubén Darío, un poco ofuscado por la elegancia de la palabra y de la actitud, sino como acaso la vean los que pueden escuchar la música de las esferas. Una voz que no tiene suavidad más que cuando con los niños o cuando se detiene a contemplarlos en sus juegos; pero que aún en esos momentos es diferente; tan diferente que, como en el caso de Martí, por ejemplo, dos versos de un poema, dos líneas de una de sus prosas bastan para identificarlos. Gabriela Mistral está toda, y completa, en su palabra. En los verbos, en su manera de combinar subjuntivos y condicionales sobre todo; organización a veces arbitraria pero de un gran movimiento interior en la mecánica del verbo. También en el uso de ciertas expresiones que nos parecen arcaicas, pero que no son más que formas coloquiales de su pueblo que, como otros muchos de nuestra América, ha conservado las esencias más castizas del idioma. Como Santa Teresa, tiene el gusto del habla común corriente, pero complicado un poco por ese don suyo tan especial de tomar lo más concreto y desrrealizarlo, convirtiéndolo en sustancia.

Es claro que todo esto que digo ahora, casi como apéndice a mis anteriores palabras, debería documentarlo con ejemplos, y estos ejemplos los podría ofrecer fácilmente, pues toda la obra de Gabriela Mistral es eso, un ejemplo de extrañeza y de originalidad, no sólo en el pensamiento poético en sí mismo, sino en su expresión verbal.

Baste con lo dicho, sin embargo, para mi propósito de ahora, que no ha sido otro que destacar algunos rasgos, a mi parecer importantes, en la poesía de Gabriela. *Sustancia,* escribí al final de mi párrafo anterior. Deseo que esa palabra quede en la memoria de mis oyentes, y que, cuando se acerquen a los versos de esta mujer, la tengan presente. La tercera de sus acepciones es, según la Academia, "ser, esencia, naturaleza de las cosas". Bien. Toda la poesía de Gabriela es eso. Y lo es, porque siempre fue necesaria, dominadora de su vida, señora de su pluma, absoluta y total como el aire que se respira.

ASPECTOS IDEOLOGICOS DE LOS RECADOS DE GABRIELA MISTRAL

por Fernando Alegría

Es posible que, con el paso de los años, la poesía hablada de Gabriela Mistral llegue a ser la expresión más profunda y valedera de su misterioso genio creador. Porque si en sus versos densos y cadenciosos, cargados de cifras rituales y ornamentación rústica, testimonios sonoros de crisis pasionales fueron quemándose para ascender en humo expiatorio hacia la cruz del Nazareno —*Desolación*—, o en sus acendradas palabras-símbolos que penetran la materia de su soledad en campos, ciudades, mares, bosques y montañas —*Tala*—, Gabriela Mistral ordena una severa estructura verbal de nueva y antigua retórica, es verdaderamente en sus *Recados*, en sus cartas y en las transcripciones de sus pláticas, donde su voz se oye en toda su nativa pureza y en la profunda novedad, agreste, insegura, tímida y, a la vez violenta, de su arte americano.

No sé con precisión cuál será su lugar en la compleja evolución social que arma y desarma a Chile en un periodo alucinante de su historia, el que sigue al Centenario, cuando las voces de Pedro Prado, Magallanes Moure, Carlos Mondaca, Vicente Huidobro, Pablo de Rokha, cantan al unísono con las voces sindicales de Recabarren y Lafferte, la tribunicia de Alessandri, el León de Tarapacá, junto a los susurros archiveros de Encina y Donoso, las quejas de Venega, los exabruptos militares de Ibáñez, mientras los suaves barbudos impresionistas —Pablo Bourchard, Juan Francisco González, Luna y Valdés— pintan las lagunas de Santiago, las neblinas de la costa, las alamedas de Los Andes, como si el país siguiera dormido y plácido en corredores de fundos y quintas normales, y los oscuros señores de melena y corbata *plastron* componen hogares y familias para piano y orquesta de cuerdas.

Gabriela no formó parte de Los Diez,[1] pero entre ellos —Augusto Thompson, Ried, Guzmán, Prado— creció y maduró; a la distancia, por supuesto,

[1] Grupo de escritores, artistas plásticos y músicos; organizaron exposiciones, conferencias; fundaron una editorial y una revista, *Los Diez* (1916).

recatada, pero dejándose arrebatar ya por la entonación misionera de voluminosos tolstoyanos como Santiván y Ortiz de Zátate, sin desdeñar la sordina araucana de Isamitt y la tonadilla melancólica de Leng. Comprendió el estilo de Los Diez, su apertura hacia los sueños y utopías sociales de la Europa de fin de siglo, su rigor de artesanos y su celo estético, su rechazo a todo compromiso criollista, su sentido de individualidad en la tradición campesina y su pasión libertaria en medio de sables, hoces y martillos. Mandó sus poemas desde la provincia, escribió una bella defensa de Los Diez para el viejo *Zig-Zag*. Pedro Prado y Eduardo Barrios la acogieron con amor.

Sin embargo, no fue tanto su poesía escrita que encendió la admiración de sus mayores, sino su presencia y su palabra hablada: memorables páginas hay de Prado, Díaz Arrieta y González Vera, que atestiguan lo que digo.

Gabriela Mistral traía una verdad, digamos mejor la búsqueda de una verdad, que rebalsaba los moldes literarios, y no me refiero a escuelas como el modernismo y el postmodernismo que en Chile verdaderamente no existieron, sino a la literatura como institución. Desde sus primeros artículos en *La Voz de Coquimbo* Gabriela Mistral confunde gozosa y sabiamente literatura con sociología y educación. No es precisamente a escribir por escribir que viene ella, ni a conquistar guirnaldas de laureles en las páginas satinadas del *Pacífico Magazine* o en el plumón de Darío llamado *Elegancias,* aunque los conquista y con buena dosis de histrionismo; es, más bien, a sacudir al chileno del año veinte, a remecer la barca de una sociedad liberal empantanada en resabios pequeño-burgueses.

Pienso que no son realmente los *Sonetos de la muerte* que dan súbita vigencia al mensaje de Gabriela Mistral en el Chile del Centenario: son sus recias pláticas feministas en el Club de Señoras, sus conferencias sobre la Montessori, su agrarismo, su cristianismo apasionado cargado de proyecciones sociales. Todo esto la convierte en un personaje de la cultura chilena antes de su viaje a México en 1922, le conquista amistades y enemistades, odios y simpatías. Se la lee, pero mucho más se la escucha.

Con excepción de las *Rondas,* que los niños chilenos aprendían de memoria y cantaban en sus danzas y juegos escolares, y de las poesías pasionales que recitadores y recitadoras voceaban desde plazas y teatros poco sabía nuestro pueblo de la poesía de Gabriela Mistral. ¿Cuánto sabe ahora? ¿Tala? ¿Lagar? ¿Fantasmas? ¿Lutos? No, no es precisamente eso que ven nuestras gentes en la sombra alta, voluminosa, ceremonial, de Gabriela. Ella era verdaderamente tan grande como una escuela, sonora como campanario, profética como una reforma agraria. Pasaba por aldeas, pueblos y ciudades igual que un tren, despertando a la población, avisándoles que era hora de llegar y de partir.

Paul Valéry, puesto en durísimo trance, definió la poesía de Gabriela Mistral como una respuesta orgánica a la naturaleza americana.[3]

[2] "Una opinión interesante", *Zig-Zag,* Santiago, enero 26, 1918, No. 675, v. XIII.
[3] Gabriela Mistral", *Atenea,* Concepción-Santiago, nov.-dic., 1947, Nos. 269-270, año XXIV, v. LXXXVIII, pp. 313-322. Este ensayo apareció originalmente en la *Revue de Paris,* en febrero de 1946.

¿Dónde están las más profundas imágenes de Gabriela Mistral, las más conmovedoras y llenas de emoción y sabiduría, de visiones tanto como de pasiones? ¿En volúmenes críticos? ¿En ensayos académicos? Creo que no, sino en los testimonios de su presencia que dejaron ilustres europeos como Huxley, Thomas Mann, Unamuno; mexicanos como Alfonso Reyes y Andrés Iduarte; brasileños como Cecilia Meireles; chilenos como Neruda. Es decir, hombres y mujeres que la oyeron en la intimidad de sus monólogos, que aquilataron su poesía en el canturreo de su voz campesina y en esos rosarios y anécdotas que componía junto a un brasero imaginario, tomando su whiskey escocés y fumando sus cigarros rubios.[4]

Por otra parte, sus discursos más memorables fueron siempre los que dijo una vez descartadas las páginas que llevaba escritas. El más alucinado quizá fuera el que improvisó en la Universidad de Columbia en 1954,[5] y el más trascendente, desde un punto de vista social y político, ese fantástico monólogo que pronunció desde los balcones del Palacio de la Moneda, cuando le dio las gracias a un general-Presidente por una reforma agraria que éste jamás llevó a cabo y por unas tierras repartidas a los inditos que el pobre señor nunca soñó dar.[6]

Comprendo que la dificultad de compilar testimonios, pláticas, pronunciamientos e improvisaciones que regó Gabriela Mistral por todo el mundo es, quizá, insuperable. Ni siquiera sus artículos han sido aún objeto de una completa bibliografía, pues la muy encomiable del padre Alfonso Escudero, como él mismo lo reconoce, peca de numerosos e importantes vacíos.[7] La única recopilación que se ha hecho de sus *Recados* [8] no puede ni siquiera considerarse como antológica, pues obviamente representa un esfuerzo por diseminar aquello de más inofensivo en la prosa periodística de Gabriela.

¿Cómo enfrentarse, entonces, al problema de definir la ideología de nuestra compatriota si no contamos con una suficiente cantidad de textos para darle base y consistencia a una posible interpretación? Pienso que algo puede adelantarse en esta tarea si en vez de guiarnos por un afán estadístico tratamos de seguir ciertas líneas fundamentales de su pensamiento que se reiteran hasta el punto de convertirse en claves fácilmente reconocibles y universalmente aceptables.

Para los efectos de este adelanto a una investigación que ha de ser extensa y cuidadosa, propongo un esquema de categorías que pudieran considerarse como esenciales para la definición de su posición ideológica:

1. *Derechos humanos:* específicamente, los problemas de las minorías

---

[4] Algunos de los testimonios a que me refiero están publicados —los de Alfonso Reyes, Andrés Iduarte, Pablo Neruda—, los demás permanecen inéditos.

[5] Véase A. Torres-Ríoseco, *G. M.* (Valencia: Editorial Cstálida, 1962). pp. 89-91.

[6] Véase mi *Genio y figura de Gabriela Mistral* (Buenos Aires: EUDEBA, 1966). pp. 89-91.

[7] *La prosa de Gabriela Mistral* (Santiago: Ediciones Anales de la Universidad de Chile, No. 14, 1957).

[8] *Recados contando a Chile.* Obras selectas v. IV, selección, prólogo y notas de Alfonso M. Escudero O.S.A. (Santiago: Editorial del Pacífico, 1957).

sociales y raciales (mujeres, infancia, trabajadores, indios, judíos, persegui-
dos políticos).

2. *Cristianismo social:* es decir, la religión y la Iglesia entendidas como
formas de responsabilidad social ante la necesidad de justicia económica y
política, y por los derechos civiles en la estructura de una democracia liberal.

3. *Antitotalitarismo:* antifascismo, antimilitarismo, oposición a todo extremo político.

4. *Pacifismo:* apoyo a las tácticas de la antiviolencia de Mahatma Ghan-
di; ataque a las guerras imperialistas y a la diseminación de armas nucleares.

5. *Americanismo:* exaltación literaria de la organización comunal indígena y promoción de la reforma agraria.

Estas cinco líneas de un pensamiento lúcidamente crítico, abundante-
mente respaldadas por textos publicados en libros, revistas y periódicos, pueden considerarse básicas para definir una ideología de tendencia humanista
y cristiana enraizada en las teorías de Bergson, Teilhard de Chardin y Jac-
ques Maritain.

Por considerarlos de mayor actualidad voy a referirme en este caso únicamente a tres aspectos de este complejo ideológico, dejando para otra ocasión un examen más minucioso y crítico de las demás corrientes del pensamiento social de Gabriela Mistral. Los tres aspectos se refieren a la paz, la
libertad universitaria y la intervención imperialista en Latinoamérica.

No por capricho, sino con el único propósito de darle mejor coordinación
a esta exposición —ya que no pretendo sugerir por el momento ninguna
evolución en la ideología de Gabriela Mistral— discutiré los textos en reverso
orden cronológico; comenzaré con el más reciente: "La palabra maldita"
(1951), seguiré con "Palabras para la Universidad de Puerto Rico" (1948) y
concluiré con el más antiguo, dividido en dos partes, "Sandino" (1928) y "La
cacería de Sandino" (1931).[9]

"LA PALABRA MALDITA"

El manifiesto pacifista que con este título publicó Gabriela Mistral en 1951
fue, en realidad, una defensa de intelectuales amigos suyos que, por haber
firmado la famosa declaración de Estocolmo contra la "guerra fría", sufrie-
ron la persecución de gobiernos reaccionarios y profesionales del antico-
munismo.

"No se trabaja y crea sino en la paz —dice Gabriela—; es una verdad de
Perogrullo, pero que se desvanece apenas la tierra pardea de uniformes y
hiede a químicas infernales."

De su apasionada y elocuente diatriba, diseminada ampliamente en Latinoamérica y Europa, pueden sacarse valiosas conclusiones:

[9] "La palabra maldita puede leerse en el libro de Matilde Ladrón de Guevara, *Gabriela
Mistral, rebelde magnífica,* Santiago: edición particular, 3a. ed., 1957, pp. 107-110. *Palabras
para la Universidad de Puerto Rico* (Río Piedras: Universidad de Puerto Rico, 1948). "Sandino", *El Mercurio,* Santiago, marzo 4, 1928, p. 5. "La cacería de Sandino", *El Mercurio,*
junio 7, 1931, p. 7.

a) Defiende la paz para condenar la ofensiva contra los derechos humanos por los estrategas de una conspiración bélica internacional. No es a una paz abstracta ni mítica a que se refiere, ni la presenta en términos románticos o sentimentales; Gabriela Mistral habla específicamente de personas que son víctimas de abusos por su posición antibélica y a quienes anima a no cejar en su resistencia.

b) A pesar de esto, su planteamiento no es estrictamente político, sino ético y, en última instancia, religioso; así lo atestiguan sus insistentes referencias a la Biblia y a la palabra de Jesús.

c) Su militancia pacifista en esos momentos no redunda en una actitud de solidaridad con la Unión Soviética, pues de la misma época son también su poema en apoyo de Finlandia y su artículo "En defensa de Hungría".

"PALABRAS PARA LA UNIVERSIDAD DE PUERTO RICO"

Es éste un texto excepcionalmente polémico, ya que en él Gabriela Mistral trata de reconciliar puntos de vista que para la juventud y, acaso también para buena parte de la intelectualidad puertorriqueña de hoy, serán inaceptables: unos por conservadores —invoca el nombre de Andrés Bello—, y otros por liberales a la manera ambigua de Ortega y Gasset.

Primero, señalemos los dictados libertarios y humanistas. Dice Gabriela:

El bueno de Ruskin quería que las ciudades fuesen plantadas junto a forma inspiradora: montaña, gran río o catedral gótica. El celebraría la advocación a la cultura que declara la fábrica blanquidorada de Río Piedras. Lograron ustedes lo que quiso el viejo fabiano: que no manden sobre la visión cotidiana ni el casino de juego ni bancos prósperos, ni sociedades de agio, ni aún las moradas de los ricos: domina allí la Pentecostés permanente que transmitirá la ciencia y las reglas democráticas y predicará para la justicia casada con la libertad (pp. 7-8).

Busca la juventud de hoy más o menos estas cosas: un orden social en el cual las diferencias de clase no sigan correspondiendo a nombres y a dineros, sino a la capacidad comprobada por el oficio o la profesión, es decir, a los valores reales. Todas ellas desean eliminar la lacra de la miseria que ha sido llaga en el rostro noble de la latinidad: todas quieren que el trabajo no sea asunto del azar y del dolor, de casualidad desordenada y de esfuerzo excesivo. Y aunque se quiera ver sobre estas juventudes la costra de un materialismo craso que no mostraban las anteriores, la verdad es que ella va buscando a tanteos penosos una espiritualidad nueva (pp. 16-17).

Una cita más, fundamental:

En dos tercios de la América seguimos siendo los países de las materias primas, como quien dice, los parientes del Africa primaria; continuamos pagando a duras penas con nuestras bajas monedas, desde los arados hasta las ropas que nos visten; compramos buena parte de la farmacopea; la tapicería extranjera cubre nuestras habitaciones aunque seamos excelentes tejedores, y la vajilla exótica brilla en nuestras mesas aun cuando España y Portugal nos trajeron sus cerámicas ejemplares. Países de selva, cuyo aire trasciende a madera, compran sus fósforos y su papel a la Escandinavia; y pueblos de costa desatada no se echan todavía al mar . . . (p. 26).

A estas opiniones orientadas por un digno humanismo y un nacionalismo sano se unen otras que condenan la politización y militancia del estudiantado universitario, y ponen una marca nefasta sobre lo que ella entiende por "socialismo" en Latinoamérica:

Nadie puede olvidar —afirma Gabriela—, en estos días trágicos y delante de la caldera de lejía que se ha vuelto la Tierra, que las naciones grandes viven su riesgo mayor y que las llamadas posesiones o colonias pequeñas se hallan más expuestas que nunca a que el huracán totalitario o la simple anarquía les desbaraten en semanas su pobre puñado de paz. Ahora es preciso que el viejo rigor llamado "disciplina" eche sobre el mar la ojeada del guardián del faro y canturree a la oreja de los optimistas la antigua máxima; "Cuida tu bien: es pequeño y se confunde con tu alma."
Dénnos la disciplina contra la confusión, está diciendo en estos momentos cada hombre que no ha perdido el eje de su alma. Y el limpio substantivo puesto en tela de juicio lo está repitiendo, por una contingencia singular, lo mismo los que viven sobre la calenturienta llanura francesa que sobre el agro idílico de Italia y los que mandan todopoderosamente sobre las estepas rusas . . . (pp. 11-12).

El humanismo —concluye—, a pesar de su precioso nombre, se fue volviendo poco a poco de nacer mercancía de tipo suntuario entre nosotros: él produjo grandes rectores de alma como Bello y Hostos y algunas organizaciones bellas. Pero desde que el socialismo anegó a las juventudes de Europa y de América en una confusa avalancha, la preciosa herramienta de hacer hombres que llamamos "humanismo" fue tirada al rincón como traste viejo (p. 17).

En el fondo, las palabras de Gabriela encerraban un propósito hasta cierto punto utilitario: venían a dar el respaldo al Rector de la Universidad de Puerto Rico en un momento de crisis en que debía afrontar la oposición de un estudiantado revolucionario. Gabriela echa su suerte al lado de su amigo y anfitrión, de ahí el elogio a la disciplina y el desdén por la lucha política en las aulas. No fue ésta la única ocasión en que ella se dejó ir en el vaivén del oficialismo liberal en el que podía flotar sin ofender ni a moros ni a cristianos.

En 1928, respondiendo a una encuesta en París, Gabriela Mistral explicó en términos valientes y vigorosos su apoyo incondicional a la lucha de Sandino en Nicaragua, vale decir, su rechazo sin reservas a los avances imperialistas del gobierno de Herbert Hoover en Latinoamérica.

Dice Gabriela:

Me pregunta usted, amigo D'Ambrosis, lo que pienso sobre la resistencia del general Sandino a las fuerzas norteamericanas. Me pone usted en apuros: yo oigo hablar de política la mitad del año —el tiempo que paso en París—, pero yo no querría saber nada de todo eso. Sin embargo, voy convenciéndome de que caminan sobre la América vertiginosamente tiempos en que ya no digo las mujeres, sino los niños también, han de tener que hablar de política, porque política vendrá a ser (perversa política) la entrega de la riqueza de nuestros pueblos; el latifundio de puños cerrados que impide una decorosa y salvadora división del suelo; la escuela vieja que no da oficios al niño pobre y da al profesional a medias su especialidad; el jacobinismo avinagrado, de puro añejo, que niega la libertad de cultos que conocen los países limpios; las influencias extranjeras que ya se desnudan con un absoluto impudor sobre nuestros gobernantes.

Esta declaración inicial es, en realidad, un programa de principios que hoy se llamaría antiimperialista y antilatifundista, un llamado a la reforma educacional y una defensa de la libertad de pensamiento y de expresión.

El texto mismo se compone de dos partes; en una se define con claridad la significación continental de la epopeya de Sandino, el verdadero carácter de su acción armada que supera los límites de su nacionalidad; se describe a Sandino como paradigma de una causa que busca la liberación de las naciones latinoamericanas de la dominación económica extranjera y la afirmación de sus derechos a buscar un camino propio hacia la justicia social y política. En la otra parte, Gabriela Mistral advierte a los Estados Unidos como ya lo había hecho Rubén Darío— que su aventura geopolítica en Latinoamérica es un arma de dos filos: en el fondo, no conseguirá sino polarizar fuerzas incontrolables y, a la postre, producir una unidad latinoamericana por encima de matices partidarios.

Dice Gabriela Mistral:

Es muy difícil, a esta distancia, formarse juicio cristalino de lo que allá ocurre. Pero aún ignorando detalles, y con un puñado de datos, las líneas grandes de la situación ya rojean y hasta llamean de verdad: el general Sandino carga sobre sus hombros vigorosos de hombre rústico, sobre su espalda viril de herrero o forjador, con la honra de todos nosotros. Gracias a él la derrota nicaragüense será un duelo y no una vergüenza; gracias a él, cuando la zancada de botas de siete leguas que es la norteamericana vaya bajando hacia el Sur, los del Sur se acordarán de "los dos mil de Sandino" para hacer lo mismo ... Suelo arrebatado pulgada a pulgada, como es el de la zona rebelde, y no entregada como una pieza de lienzo; suelo mordido por la granada de los aeroplanos, por el precio infinito de la hazaña ... cobra el valor de sus poblaciones, por el precio vuelve la carne viva de la historia. Echa este rectángulo de suelo un aroma de santidad que purifica el resto deshonrado y hace recordar y bajar la cara a los que malamente llegan a dominar semejante lote de gentes y de naturaleza.

Luego añade:

Los hispanizantes políticos que ayudan a Nicaragua desde su escritorio, o desde un club de estudiantes, harían cosa más honesta yendo a ayudar al hombre heroico, héroe legítimo, como tal vez no les toque ver otro, haciéndose sus soldados rasos. (Al cabo tiene Nicaragua dos fronteras no demasiado pequeñas y que es posible burlar.) Cuando menos, si a pesar de sus arrestos verbales no quieren hacerle el préstamo de sí mismos, deberían ir haciendo una colecta continental para dar testimonio visible de que les importa la suerte de ese pequeño ejército loco de voluntad de sacrificio. Nunca los dólares, los sucres y los bolívares suramericanos, que se gastan tan fluvialmente en sensualidades capitalinas, estarían mejor donados.

En 1931, tres años después, Gabriela Mistral publica en el *ABC* de Madrid un segundo artículo sobre Nicaragua titulado "La cacería de Sandino". (Reproducido por *El Mercurio* de Santiago).

Más que una exposición, es esto un llamado apasionado y vibrante a defender y apoyar a Sandino; es, también, la reflexión de peso, el augurio sin esperanzas, que se guarda para momentos finales, prevista ya la derrota del héroe popular.

Hay aquí un ataque implacable, certero y reiterativo contra la política del presidente Hoover:

Míster Hoover ha declarado a Sandino "fuera de la ley" —comienza Gabriela—. Ignorando eso que llaman derecho internacional se entiende, sin embargo, que los Estados Unidos hablan del territorio nicaragüense como el del propio porque no se comprende la declaración sino como lanzada sobre uno de sus ciudadanos: "Fuera de la ley norteamericana." Los desgraciados políticos nicaragüenses, cuando pidieron contra Sandino el auxilio norteamericano, tal vez no supieron imaginar lo que hacían y tal vez se asusten hoy de la cadena de derechos que han creado al extraño y del despeñadero de concesiones por el cual echaron a rodar su país.

La figura de Sandino cobra relieve épico en la prosa de Gabriela Mistral y es ya un mito revolucionario, cuyo camino empieza en las gestas libertadoras de América:

> Desde los años de 1810, o sea desde el aluvión guerrero que bajó de México y Caracas hasta Chile, rompiéndolo todo para salvar una sola cosa, no habíamos vivido con nuestra expectación un trance semejante.
>
> Míster Hoover, mal informado a pesar de sus veintiún embajadas, no sabe que el hombrecito Sandino, moruno, plebeyo e infeliz, ha tomado como un garfio la admiración de su raza, excepto uno que otro traidorzuelo o alma seca del Sur ...

> Tal vez caiga ahora esa cabeza sin peinar que trae locas las cabezas acepilladas de los marinos ocupantes; tal vez sea esta ocasión la última en el millar de las jugadas y pérdidas del invasor. Ya no se trata de una búsqueda sino de una cacería, como decimos.

Al igual que Neruda en su poema "Que despierte el leñador", Gabriela Mistral no se limita a la queja, condena y amenaza también con voz airada:

> Pero los marinos de Mr. Hoover van a recoger en sus manos un trofeo en el que casi todos los del Sur veremos nuestra sangre y sentiremos el choque del amputado que ve caer su muñón. Mala mirada vamos a echarles y un voto diremos bajito o fuerte que no hemos dicho nunca hasta ahora, a pesar de Santo Domingo y de Haití: "¡Malaventurados sean!"

La conclusión del artículo es la misma del anterior: en la tragedia y aparente derrota de un pueblo latinoamericano se esconde la razón para una renovada e indomable resistencia, porque ella es el producto de la unidad conquistada en la lucha y en el sacrificio:

> Porque la identificación ya comienza y a la muerte de Sandino se hará de un golpe quedándose en el bloque. El guerrillero es, en un solo cuerpo, nuestro Páez, nuestro Morelos, nuestro Carrera y nuestro Artigas. La faena es igual, el trance es el mismo.
>
> Nos hará vivir Mr. Hoover, eso sí, una sensación de unidad continental no probada ni en 1810 por la guerra de la independencia, porque este héroe no es local, aunque se mueva en un kilómetro de suelo rural, sino rigurosamente racial. Míster Hoover va a conseguir, sin buscarlo, algo que nosotros mismos no habíamos logrado: sentirnos uno de punta a cabo del Continente en la muerte de Augusto Sandino.

Las líneas de pensamiento esquemáticamente expuestas aquí en referencia a tres textos de Gabriela Mistral no pueden ser, es claro, sino la brevísima introducción al estudio de su ideología. Labor previa será la recopilación de sus *Recados* y artículos, y, acaso, la tarea magna de reunir en volumen su portentoso epistolario.

Hoy, con la experiencia de años que puede aducir una persona aficionada al estudio de su obra, podría ensayar una opinión tentativa. Hecho el recuento valorativo de su prosa, el pensamiento de Gabriela Mistral será fiel y elevada expresión de una época decisiva en la historia social de Latinoamérica, imagen de un medio siglo de violencia, de sacrificios y caídas, de heroísmo popular y grandeza individual de quienes vieron un camino de liberación y por él se lanzaron con nobleza, sin compromisos y genuino fervor patriótico.

Gabriela Mistral vio a su pueblo americano en el trance de una agonía creadora; se identificó por instinto con el pueblo y las clases trabajadoras; su mensaje fue de pura raíz cristiana, una práctica humanista que buscó la unidad del hombre, la solidaridad a través del conocimiento, en la belleza, y en la búsqueda de una justicia más allá de prejuicios y odios sectarios.

Es preciso, pues, buscar su palabra, identificarla en el verso y en la prosa, pero por encima de todo en el ejemplo de su vida, lección de autenticidad creadora, valentía moral y sólida consistencia ideológica.

GABRIELA MISTRAL: "MI CORAZON ES UN CINCEL PROFUNDO"

por Jaime Concha

PROPOSITO

En el primer poema de su libro inicial, Gabriela Mistral fija ciertas imágenes que tendrán prolongación duradera en su poesía:

> ...Y no hay árbol torcido
> de sol en la llanura, ni león de flanco herido,
> crispados como este hombre que medita en la muerte.

Estas imágenes, de orden escultórico, determinan un registro expresivo que exploraremos en esta ocasión. Ellas dan forma al terceto final de "El pensador de Rodin", situado en el umbral de la sección "Vida", de *Desolación* (1922). El soneto está dedicado a la escultora chilena Laura Rodig,[1] cuyo nombre, casi idéntico al del francés, llama aún más la atención sobre el principio artístico que una y otro representan. Se pone en juego, de este modo, una triple conexión que vale la pena destacar. En la figura de Rodin, escultor prominente y algo así como paradigmático de su arte, se precisa una referencia que luego se bifurca. Por un lado, el tema del Pensador nos sitúa en la tradición plástica del infierno dantesco. El Pensador, como se sabe, no es una escultura aislada, sino que ocupa un puesto central en el dintel de la *Porte de l'Enfer*, prodigioso friso que se conserva actualmente en el Museo de la rue Vaugirard. Por otra parte, en la persona a quien se dedica el poema, se nos recuerda a una escultora, tal vez la más famosa y conocida en Chile por los años en que se escribe el soneto. La articulación es decidora, pues se sabe que la plástica mistraliana emigrará desde tradiciones clásicas a formas americanas, nuevas en la jerarquía artística, pero no menos poderosas, abiertas al futuro e influyentes, por ende, sobre la poetisa.[2]

---

[1] No he podido hallar referencias concretas en la biblioteca de la Universidad de Washington. "Famosa y conocida" será esta escultora, pero por supuesto no la mencionan los diccionarios biográficos de Chile...

[2] Su interés por jades y estelas precolombinos es cosa conocida. Es casi seguro, ade-

En las imágenes transcritas hay también tres aspectos que pueden señalarse desde ahora. Primero, la visión intensa de la naturaleza, cuyos elementos (en este caso, el árbol) adquieren presencia plástica imponente. Segundo, la relación de lo escultórico con el dolor humano, sensible en la crispación de la carne y de los miembros corporales. Tercero, la ubicación del gesto escultórico ante el momento definitivo de la muerte, a lo cual llamaremos convencionalmente la particular tragicidad que empieza a segregar esta poesía.

En el curso de su libro de 1922, largamente preparado (por lo menos, desde alrededor de 1907 constan ya algunos poemas en la revista *Zig-Zag)*, abundan los motivos de extracción escultórica. Es interesante apuntar, por ejemplo, que la presencia de Jesucristo, de tanta proyección en sus poemas, es primariamente de índole iconográfica, en la forma de cruz o crucifijo. Son imágenes, éstas de su temprana producción, con espesor y volumen; se trata de la contemplación de un sufrimiento exteriorizado y materializado que se presenta, por lo tanto, como espiritualidad trabajada, es decir, culturalmente conformada. Lo mismo ocurre con sus escenas bíblicas, que se nos imponen como bajorrelieves o retablos que la Mistral esculpe. El biblismo mistraliano de esta época pasa, sin duda, por este tipo de plasmaciones. Tal su tríptico de "Ruth", donde ciertas zonas del cuerpo humano (espaldas, dorso, costado) cobran pronunciado relieve. Dos pasajes del trío de sonetos muestran lo que decimos:

El sol caldeo su espalda acuchilla,
baña terrible su dorso inclinado;
arde de fiebre su leve mejilla,
y la fatiga le rinde el costado.

En el encuentro de fuerzas exógenas (la acción violenta del sol) y a la vez internas (la fiebre, la fatiga) hallamos un primer modelado de la superficie. El borde, el límite de la carne brotan de esa exacta contraposición. De hecho, vistas en un nivel de abstracción artística, estas fuerzas son las mismas, operan homogéneamente (fiebre y fatiga que el sol provoca), plasmando un cuerpo de mujer cuya piel se hace lámina incandescente y flexible. En esos goznes del cuerpo (dorso, costado), en la pesadumbre sutil de su mecánica, empieza a vislumbrar Mistral, pese a todo, una plasticidad dominante en la existencia humana. Sin embargo, el soneto final se doblega a la tradición parnasiana y nos diseña un gesto que, aunque tierno, es sólo convincente por su gracia estética:

---

más, que en México su contacto con la obra de los grandes muralistas estimuló su sensibilidad plástica. Diego Rivera, que trabajaba en sus murales públicos a la llegada de Mistral a México, desarrolla en su pintura formas y volúmenes escultóricos. Finalmente, la admiración de Gabriela por la genial escultora boliviana Marina Núñez de Prado consta en las hermosas páginas que a ella le dedicó. (V. Marina Núñez: *Eternidad en los Andes*, Editorial Lord Cochrane, Santiago, 1973.)

Ruth, más callada que espiga vencida,
puso en el pecho de Booz su cabeza.

El peso de una múltiple tradición (*Libro de Ruth, La légende des siècles,* el
Parnaso) hace que el poema se cierre perfectamente, demasiado perfectamente en el encuentro y la unión de dos cuerpos. El soneto se cierra, no para
constituir su propia entidad artística, sino para devolvernos a imágenes preexistentes: *allá, así* quedan el patriarca y la doncella.

Lo escultórico es, entonces, en primera instancia en *Desolación,* motivo
externo poéticamente elaborado, asunto procedente de una tradición cultural que suministra a la visión perfil y contornos. Predomina todavía el
friso, la secuencia de unidades que permite ir poblando un universo cuyas
figuras le son, sin embargo, adventicias. Es, en parte, la impronta que la
Mistral recibe del modernismo, aunque sólo en parte, según la importante
rectificación introducida por Jaime Giordano en su estudio de las componen-
tes parnasiana y simbolista de la poesía de Darío.[3] En este respecto, una
línea simple y clara de evolución se manifiesta en la obra mistraliana. De
dato externo y de motivo cultural preexistente, lo escultórico pasará a pro-
fundizarse, se interiorizará, delineando las configuraciones espontáneas del
cesto, del ritmo y del espacio poético. En la fase representada por *Desolación,*
los extremos aún no se diferencian. Si bien conceptualmente, y bajo la dolorosa conmoción de Cristo, la poetisa condena "la elegancia de gesto y color"
(¿influencia del Cristo de Velázquez?), la mayor parte de sus poemas sigue
siendo comentario de elementos plásticos ajenos, como en el caso de "Ruth".
No obstante, en sus poemas arbóreos sobre todo —digo, los numerosos árboles
que se alzan en *Desolación*— hallamos pugnando un sentido distinto del valor
expresivo de estas objetividades. Muy característicamente el poema "Tres árboles" finaliza:

Y mudos y ceñidos,
nos halle el día en un montón de duelo.

Lo predominante aquí, incluso por el intenso despojamiento del vocablo
"montón", es el puro estar de los objetos, su muda expresión de dolor ante
la muerte. Virtualidades y acto del dolor concentrados en materia, en masa, en volumen. Esta línea decantada —"muda" y "ceñida", podríamos decir— anticipa ya la ruta del futuro escultorismo mistraliano. Porque en la
fase mejor de su poesía el desiderátum será el de un poema con volumen,
con su presencia propia, que tenga bulto y gesto como las cosas-piedras en
la montaña o árboles a la vera del camino. El recurso para apresar par el
arte la libre disposición de la naturaleza es, en la Mistral, un largo itinerario.
Lo que sigue es apenas la inicial demarcación de un territorio en sí harto
sinuoso. De ahí que nos limitemos a caracterizar un tipo de sensibilidad,
presidida por peculiares cualidades plásticas; a describir algunas configura-

[3] Jaime Giordano, *La edad del ensueño* (Santiago: Editorial Universitaria, 1971).

ciones privilegiadas, y a calibrar el efecto principal que todo eso tiene en la orientación espiritual de su poesía. Y como el arte de la ponencia exige decir las cosas lo más clara y rápidamente que sea posible, tal vez estos versos de "Paraíso" *(Tala,* 1938), por su fuerte contraste con el texto de "Ruth", ayuden a percibir desde ya el otro extremo del camino:

Lámina tendida de oro,
y en el dorado aplanamiento,
dos cuerpos como ovillos de oro.

La máxima intuición del goce paradisíaco, del amor beatífico es, para la Mistral, esa extrema decantación de las esencias escultóricas: la superficie, que ya no es línea sinuosa del cuerpo, sino ceñido filo de una materialidad fulgente; y las formas, los volúmenes ("ovillos"), que son el trenzado amoroso en que la misma superficie se hace nudo y abrazo. La fusión espiritual se expresa, en esta poesía, gracias a las potencias de la escultura: el límite que engendra el cuerpo en plenitud.

GESTOS

Comprender la escultura, sobre todo la de los primeros tiempos, es recorrer paso a paso la imagen del hombre, el lento despliegue del cuerpo en cuanto producto práctico y espiritual de la especie. Basta mirar las Venus prehistóricas —de Brassempouy o Lespugue— para advertir cuánta sombra cabía, cuánta noche habitaba en lo alto de esas mujeres, sin rostro todavía, de nula cabeza, aunque de muslos y vientres enormes.[4] Desde el ojo circular egipcio, desde la mirada sumeria —a veces sólo cavidad de máscara, a veces incrustación de lapislázuli— hay un inmenso trecho hasta el descubrimiento del ojo helénico, frontalidad solar, irradiación sensible de la mente humana.[5] Unión esplendente de los poderes del trabajo y de la cultura, el ojo humano es también aquí hijo y obra de las manos. Y lo mismo ocurre con éstas, cuando esclavo o artesano las forjan inmóviles, reverentes, eternamente ociosas en la plegaria del Señor. Rígidas, con falanges y uñas como aristas, en el temprano arte de la Mesopotamia;[6] dulces y onduladas en la India, prefiguradas ya en la maravillosa *Bailarina* de Mohenjo-Daro;[7] o admirables de consolación en el gesto del Buda-Maitreya:[8] así, entre el desarrollo orien-

[4] André Malraux, *Le Musée imaginaire de la Sculpture mondiale,* reprod. 2 y 3, sección "La préhistoire" (París: Gallimard, 1952).
[5] Cfr. Hegel: "... the eye, this simple expression of the soul" *(Aesthetics,* trad. Knox, vol. II, p. 732, Oxford, Clarendon Press, 1975).
[6] André Parrot, *Sumer* (París: Gallimard, 1960). (Manos: p. XXXI; ojos en cavidad: p. 87; p. 101: grupo de Tell Asmar, que incluye a la "mujer con anteojos" [me permito llamar así a esta *vedette* moderna, increíblemente sofisticada]).
[7] Sir Mortimer Wheeler, *The Indus Civilization,* Plate XILX, B (Cambridge: University Press, 3a. ed., 1968).
[8] Arthur F. Wright, *Buddhism in Chinese History,* Illustr. 2, frente a la p. 59 (Stanford: Stanford University Press, 1959).

tal y griego, entre los ojos y las manos, se va construyendo una imagen del cuerpo en este arte paradojal que obtiene su más alta profundidad, en las vibraciones, de la estela quieta que deja el cincel sobre la superficie.[9] Un volumen, un ritmo, un gesto: he aquí la criatura escultórica, que se gesta desde fuera, con sus entrañas en la hendija del aire y la materia.

Tiempo atrás Gastón von dem Bussche, en un admirable análisis del poema "La copa", observaba la plasticidad inherente a los símbolos empleados por la poetisa.[10] La composición estudiada por von dem Bussche concluía así, luego de la estéril peregrinación de la mujer:

Mentira que fue mi lengua: miradme.
Yo tengo la vista caída a mis palmas;
camino lenta, sin diamante de agua;
callada voy, y no llevo tesoro,
y me tumba en el pecho y los pulsos
la sangre batida de angustia y de miedo.

La vista y las palmas se unen por un hilo poderoso, este hilo que amarra a la mujer a su destino y que la hace andar como sonámbula, sin volverse atrás, sólo sintiendo lo que su cuerpo le convoca desde dentro. Escultura en profundidad, como cavada en actitud, sangre y emociones y que, al potenciar con una nueva jerarquía estos tres grados ontológicos (el rictus material del cuerpo, la fisiología intestina y el turbión hondo y secreto de la psique), nos libera de una psicología individualista y del puesto hipertrofiado que en ella ocupa lo singular, comunicándonos en cambio con un hieratismo trágico, con las líneas tensas y extáticas de la estatua ritual o de la máscara... La actitud graba, con rigidez sin par, la conciencia del destino; y expulsa hacia lo invisible el torrente díscolo de la sangre y de la angustia. El gesto vale, así, para muchas sangres, para todos los miedos ancestrales de la especie.[11]

El poema se titula "La copa", como hemos dicho, pero se halla también bajo otra advocación: "Gestos". La copa es, pues, un gesto o una suma de gestos que la mujer que la porta realiza a su paso por el mundo. Y esto nos permite identificar mejor el sentido y el alcance que la Mistral asigna a esta noción, que ha de ser siempre para ella vivencia privilegiada.[12]

[9] Sobre el valor de la superficie, hay bellas consideraciones en Rilke: "In diesem Augenblick hatte Rodin das Grundelement seiner Kunst entdeckt, gleichsam die Zelle seiner Welt. Das ker die Fläche, diese verschieden grosse, verschieden betonte, genau bestimmte Fläche, aus der alles gemacht werden musste. Von da ab war sie der Stoff seiner Kunst, das, worum er siche mühte, wofür er wachte und litt" *(Rodin*, pp. 16-17; Insel-Verlag, 1959; 1a. ed., 1903).

[10] Procedemos de memoria, pues no tenemos a la mano el trabajo de von dem Bussche, publicado, si no hay error, en los *Anales de la Universidad de Chile,* c. 1956.

[11] Véase Marcel Mauss, "L'expression obligatoire des sentiments", *Journal de Psychologie,* 1921, pp. 325-434.

[12] "Entre los gestos del mundo —recibí el que dan las puertas", empieza el poema "Puertas", analizado por Alfredo Lefebvre en *Poesía española y chilena* (Santiago: Editorial del Pacífico). Cfr. también "Beber", de *Tala:* "Recuerdos gestos de criatura —y son gestos de darme el agua."

Hay una definición negativa del gesto, que lo concibe como acto convencional, como el aspecto más artificial de las relaciones humanas. En el espectáculo o en la etiqueta cotidiana asistimos a ciertos movimientos del cuerpo que parecen no tener un propósito práctico y estar desprendidos, a la vez, de sentimiento real. Oímos decir: "No lo hizo de verdad; fue un mero gesto." En este sentido, el gesto se opone tanto a la interioridad como a la acción. Es, según quiere Sartre en *L'Être et le Néant*, un acto degradado, un pseudoacto. Pero no es esta noción fenomenológica del gesto la que Mistral despliega; antes bien, volviendo al origen elemental del gesto como movimiento expresivo del cuerpo, lo entiende ella como forma fundamental de comunicación. Por eso, siempre será "mudo" (en "tres árboles") o "callado" (aquí en "La copa") como si el silencio fuera la aureola adecuada para recalcar su huella imperceptible. De fugaz acontecimiento que es en los hechos, el gesto se convierte en algo absoluto, en surco y en memoria. Es, en síntesis, el original platonismo del instante que inspira a esta poesía.

En la extensa sección de "Locas mujeres", que abre *Lagar* (1954), la Mistral define a menudo a sus figuras femeninas mediante gestos o actitudes específicas. El conjunto da la impresión de un recinto de estelas, o sucesión solemne de cariátides. Sería largo enumerar las modalidades que el procedimiento adopta, desde "La otra" hasta "Una piadosa" (en total, 16 poemas). Sólo algunos detalles, por lo tanto.

En "La otra", donde la poetisa condena su yo violento y nunca colmado, escribe:

Piedra y cielo tenía
a pies y espaldas...

estilizando sobremanera la visión del cuerpo, cual si éste fuera escueto volumen solitario entre los planos cósmicos. Es otro modo de "ceñir" al personaje dramático y de burilar sus contornos en medio del paisaje. Y hacia el fin del mismo poema, con una directa referencia a la plasmación escultórica de la persona, continúa:

y haced con las arcillas
otra águila abrasada.

Lo tenazmente concentrado de la expresión, que aprieta en la estatuilla de barro una poderosa ave incandescente, muestra una vez más lo que ya percibíamos en "La copa", el turbión que pugna tras el modelado.

"La abandonada" es un impresionante poema en que la Mistral condensa el drama de un sinfín de mujeres solas, vencidas y humilladas por la desposesión del varón. En medio del poema, se alza esta visión:

Mientras que en ángulo encalado,
sin alzar mano, aunque tejía,
María, en azul mayólica,
algo en el aire quieto hacía:

¿Qué era aquello que no se acababa,
ni era mudado ni le cundía?

Y luego, su "pasar", es decir, su muerte:

Sólo se hizo más dejada,
sólo embebió sus mejillas,
y se quedó en santo y seña
de su espalda, en la cal fría,
un helecho tembloroso,
una lenta estalactita,
y no más que un gran silencio
que rayo ni grito rompían.

Prescindimos de comentar varios elementos. El muro blanco, por ejemplo, merecería especial atención, en cuanto unidad que es de la casa (las paredes blancas y encaladas de las casas del Norte Chico chileno) y de la tumba (véase "Hospital", en el mismo *Lagar*). Pero yendo sólo a lo que actualmente nos ocupa, la plegaria de María se dibuja como el gesto estático que se burila en la "azul mayólica" del cielo. De este modo, el interés mistraliano por la escultura se propaga hacia las artes afines y cercanas, la cerámica en este caso, de las cuales se extraen motivos secundarios (decorativos u ornamentales), que son sin embargo básicos y comunes a otras formas artísticas. En "Ultimo árbol", en que la imagen del cuerpo alcanza su más extremo perfil, se nos dice:

Esta solitaria greca
que me dieron en naciendo:
lo que va de mi costado
a mi costado de fuego;

lo que corre de mi frente
a mis pies calenturientos...

El elemento de la greca, presente varias veces en *Tala* ("grecas lentas que dan nuestras manos", en "Nocturno de los tejedores viejos"; *passim)*, nos permite entender mejor la dirección de las estilizaciones mistralianas. En su poesía dos registros plásticos pugnan constantemente, dos registros que son, por lo demás, primitivos y fundamentales en la historia de la escultura: una orientación expresionista y la tendencia a la geometrización. Pero aquí, hablando en general, ambos principios se diversifican para sensibilizar la dualidad inmanente al ser humano, según esta poesía postula: la raíz temporal del cuerpo, que se expresa mejor en la crispación expresionista, y el destino inmortal del alma, al que parece convenir lo que Mistral llama a veces "la blanca geometría".

Retornando a "Marta y María", comprendemos ahora un poco más de

esas huellas ornamentales dejadas por la hermana muerta y que la sobrevi-
viente contempla cual si se tratara de reliquias. Recordémoslas:

un helecho tembloroso,
una lenta estalactita ...

Son los vestigios de la espalda de María. El cuerpo, ya allí, hace germinar
las primeras filigranas de su forma espiritual, como minúsculas máscaras
funerarias que extrajeran, como en un vaciado, lo más esencial de su vesti-
dura terrestre. Como el gesto invisible de la plegaria, así de leve es este resto
mortal de la mujer. Y "la lenta estalactita", que parece sugerir una memoria
más firme y permanente aunque igualmente cristalina, es como la copia de
lo que fue la vida de María, siempre en su gruta de oración. Helecho y estalactita son, para decirlo con un término que luego explicaremos, sombras
multiplicadas de la mujer.

RITMOS, ESPACIO

Hasta ahora sólo hemos estudiado expresiones aisladas y fragmentarias de
nuestro tema, que nos impiden ver el alcance efectivo que un tipo tal de sensibilidad tiene sobre el poema en su conjunto. Trataremos de apreciar mejor
esto en dos casos: con "La fuga", que inicia la sección "Muerte de mi ma-
drae", en *Tala*, y con los "Sonetos de la poda", pertenecientes a *Lagar*.
      "La fuga" ocupa un puesto análogo, casi simétrico, a "El Pensador de
Rodin". ¡Cuánta distancia, sin embargo, entre las formas escultóricas que
cada uno de ellos convoca! No hay ya más, en la pieza de *Tala*, una obra artística preexistente, sino que ella misma organiza desde el interior de su propia alzadura con ritmos contrapuestos y coordenadas espaciales que se legi-
timan por sí mismas.
      Como ustedes recuerdan, "La fuga" consiste en un intenso esfuerzo de
búsqueda que la hija lleva a cabo de la madre muerta. Esta se ha fugado;
la hija va en pos de ella. Pero ésta también espera fugarse, huir a través
de la muerte, para reencontrar a la madre perdida. El poema se articular,
así, en más de su mitad, sobre la base de tres correlaciones espaciales diferentes. Primero, la mujer va tras la madre, en medio de una atmósfera de
pesadilla ("paisaje cardenoso"; y "cárdeno" representa, desde *Desolación*,
el tono y las tintas del Calvario). Luego, en la segunda estancia, madre
e hija caminan una al lado de otra, pero sin poderse mirar, "cual la Eurídice
y el Orfeo solos". Posteriormente, la mujer lleva a su madre dentro de sí,
como bulto robado, pero sin establecer todavía una real fusión. Marcha
consecutiva, marcha paralela, marcha intestina se suceden de este modo,
muy cerca de la meta del viaje, pero siendo fracasos más y más marcados.
Y de inmediato el poema formula su primer nudo, que recoge y sintetiza
lo hasta allí andado:

Y otras veces no estás cerros adelante,
ni vas conmigo, ni vas en mi soplo:
te has disuelto con niebla en las montañas,
te has cedido al paisaje cardenoso.
Y' me das unas voces de sarcasmo
desde tres puntos, y en dolor me rompo,
porque mi cuerpo es uno, el que me diste,
y tú eres un agua de cien ojos,
y eres un paisaje de mil brazos,
nunca más lo que son los amorosos:
un pecho vivo sobre un pecho vivo,
nudo de bronce ablandado en sollozo.

Los "tres puntos" de que aquí se habla no son otros que los hitos fijados por el mismo poema, sus propias localizaciones en el espacio. Es como si, luego de construir y disolver figuras en el paisaje, quedaran las huellas magnéticas de un espacio liso y plano, perfectamente abstracto. Las marchas adquieren, así, una aureola sonámbula, son procesión fantasmal, exactamente acordes con el ambiente de niebla que rodea el poema.[13] Además, el fracaso en la búsqueda y en la unión contrasta con el mundo amoroso, posiblemente aún según el modelo de Rodin en *Le baiser,* pero exteriorizando plenamente la verdad del objeto escultórico: ser bronce y alma al mismo tiempo, dolor en metal, como antes los árboles eran un "montón de duelo". En este respecto, un símbolo surge que transita gran parte de la poesía mistraliana: la sombra, como proyección exterior del cuerpo y de sus límites, pero alma que igualmente habita, según concepciones primitivas, en el interior del hombre. Tal es la revelación de la escultura: hacer patente lo invisible, dar paso y volumen al hálito incalculable.

En el desenlace del poema hay numerosas referencias a formaciones escultóricas, más estilizadas ahora debido a que ascendemos del plano del amor humano al del amor celestial. Es, en cierta medida, el paso de la plástica del infierno a las modulaciones paradisíacas de la luz y la música. En todo caso, luz y música se objetivan perfectamente en líneas y formas materiales: anillos, medallones, rayos... Y el verso: "acostados en cauce de oro", prefigura casi literalmente las imágenes del poema "Paraíso", que hemos transcrito más arriba.

"La fuga", pieza conmovidamente penitencial, ensaya en sus versos finales el acceso al más allá donde espera la madre:

¡hasta el momento de la sien ardiendo,
del cascabel de la antigua demencia
y de la trampa en el vórtice rojo!

Es muy posible que estas fulgurantes imágenes provengan de ceremonias promitivas, cuyo conocimiento comenzó la Mistral en México. Más tarde,

[13] La niebla es, a partir de *Desolación,* un persistente símbolo letal. "Toma la niebla de su hálito", ruega a Dios la poetisa, pidiendo por su madre muerta ("Locas letanías", *Tala).*

durante su estancia en los Estados Unidos, siguió interesándose en descripciones de costumbres de los aborígenes americanos. En todo caso, sea de ello lo que fuere, importa subrayar la intensificación sobrecogedora que clausura el poema, la instauración de un ritmo terminal que es cruce del umbral, tránsito violento a otro ámbito de realidad.[14]

Digamos, para evitar equívocos, que la Mistral meditó muchas veces y puso en práctica en su poesía ritmos elementales, como el de las rondas infantiles o el de las canciones de cuna (el mecer, etc.). Estos ritmos son cristalizaciones temporales y no pensamos por el momento en ellos. Nos referimos a un ritmo que tiene su origen en el espacio, en la manera como se accede de las "rutas" humanas a una más augusta jerarquía.[15] En otro registro cultural, Valéry plasma maravillosamente este tipo de sensibilidad en su poema *Cantique des colonnes,* curiosamente inspirado en formas plásticas semejantes, arquitecturales por supuesto, pero parientes de la producción escultórica. Lo que Valéry expresa allí magníficamente es el tránsito a la divinidad, la eternización de esas criaturas materiales. Platonismo también, como el de la Mistral, pero que se aparta del fondo arcaico que impregna la imaginación mistraliana, ligada siempre a un sedimento primitivo, cuyo marco sociológico resulta ser, en último término, la comunidad aldeana.[16]

[14] La situación funciona muchas veces para terminar poemas en vilo, para *auparlos* como diría ella, con poderosa exaltación religiosa. Sus "Materias" y los himnos de "América", todos ellos de *Tala,* son en esencia travesías de un umbral superior.

[15] *Ruta, caminos* son la prensa necesaria del cuerpo mortal, del espacio terrestre. En este sentido, el caminar será uno de los ritmos primarios de la poetisa, pues pertenece al hombre el estar sometido a la marcha de la vida (cfr. "La que camina" y "La desasida").

[16] Todavía sigue faltando una explicación sociológica de esta poesía. Confesémoslo de plano, ello sí: ella se revela como una tarea singularmente compleja. A la espera de ese análisis, vale la pena reunir los índices expuestos por la crítica y tratar de ordenarlos un poco.

Primero, está la ecología del Norte Chico que, con su ritmo de valles y montañas, con tierras pobres y agua escasísima, traslada símbolos en plenitud a esta poesía. En gran medida, este marco regional determina las condiciones económico-sociales allí existentes (la pequeña propiedad rural, el minifundio nortino) que repercuten a su vez sobre la estructura de la familia aldeana, caracterizada, para algunos observadores, por un fuerte matriarcado. (Seguimos careciendo de una monografía seria sobre el tema, del que mucho se habla, pero poco se sabe.) Fenómeno que, es fácil imaginar, deriva de la necesidad en que se hallan los campesinos por buscar trabajo temporal en otras zonas. Vida austera por difícil y dura, que evoca inmediatamente los contornos ásperos de la poesía mistraliana, donde nunca prima el gesto de la abundancia, sino la señal de lo necesario, el rigor de lo justo y de lo parco.

Más tarde, ya profesora primaria, la Mistral se embeberá en el credo de Sarmiento, de Martí y de Rodó, para intimar luego con un americanismo de cuño diferente, muy en boga desde 1920, cuyo sentido se le revela gracias a José Vasconcelos. Con él trabaja para la Secretaría de Educación mexicana, desde 1922 a 1924; sus *Lecturas para mujeres,* que publica en esos años, muestran bien los gustos suyos de esa época. En todo caso, el sentido pedagógico de la Mistral es muy curioso, orientado más bien a lo natural que a lo cultural, a los juegos infantiles más que a las letras y al saber racional en sí mismo.

Todo esto propone una serie de categorías que se hacen dominantes en ella: la familia por encima de la sociedad, pero una familia con arraigo en la comunidad aldeana; lo moral por sobre lo estético y lo político, aunque su inexperiencia en este último orden de cosas (que la llevó a creer que ciertos candidatos cristianos eran también demócratas) la suplían en parte su credo americanista y su preocupación real por los asuntos del continente (ver el breve artículo de Alejandro Witker: RLChE, 2, Los Angeles, California). Con todo, el aporte más decisivo de su poesía consiste en la unión de una intensa vocación trascendente, de hecho religiosa, con una profunda atención por las cosas humildes, por los gestos populares, por lo más simple y sencillo de los hombres, mujeres y niños. Este platonismo del

Es lo que revela, desde otro punto de vista, la conclusión del poema. Los tres versos finales recapitulan la interacción global de la obra, su composición tripartita, engarzando formas y movimientos con los cuales ya estamos familiarizados. "La sien ardiendo", resto exiguo del cuerpo, es la astilla que primero se enciende en contacto con el reino incandescente. Pero este rincón de la envoltura carnal contiene, dentro de sí, la "antigua demencia" (probablemente vinculada al éxtasis iniciático), cuyo emblema material, el cascabel, reproduce el aparato de formas que emergió en el transcurso del poema: anillos, rosarios, etc. Y la última poderosa imagen, la de la "trampa en el vórtice rojo", cualquiera que sea su fuente etnográfica, es una estupenda *visión* del cuerpo en trance de disolverse. Su dinamismo nos enfrenta a un espacio succionador, al cuerpo en su formidable estallido. Es la sangre liberando al individuo de la trampa mortal de la carne, precisamente porque lo entrega a los poderes voraces de la muerte.

¿Animo chamánico? Sin duda, como el de Neruda en "Entrada a la madera". Pero mientras en éste la operación mágica busca desatar la acción sobre la naturaleza, con imperiosa voz colectiva ("y hagamos fuego, y silencio, y sonido..."), acá lo que predomina es el tránsito ritual. Energía de transformación, en uno; éxtasis religioso, en otra, justamente porque dos tiempos diferentes subyacen en sus poesías: un tiempo histórico que todavía no cobra conciencia de sí mismo, en *Residencia en la tierra* (1935), y, en *Tala* (1938), la creencia en un orden metafísico que está más allá del dolor, de la muerte y del ropaje fugaz de las criaturas.

Los "Sonetos de la poda" nos entregan otro aspecto de la misma experiencia. En ellos —en la posa del rosal, del almendro o de un árbol de invierno cualquiera— la Mistral identifica su actividad creadora con las operaciones del podar. Ambas —poda y poesía— se hermanan en el trabajo del escultor, que desbroza el bloque material para engendrar un nuevo ser:

Mi pecho da al almendro su latido
y el tronco oye, en su médula escondido,
mi corazón como un cincel profundo.

(2. "Poda de almendro")

Mas yo lo podo con amargo brío
por darle gesto como a un hijo mío
hasta que se me vuelva criatura.

(3. "Hijo árbol")

El trío de sonetos ofrece contrastes muy complejos, que es imposible analizar aquí. Anotemos únicamente el énfasis agresivo y violento en "Poda de rosal", con figuras e imágenes guerreras (Holofernes, Roldán; "mis pulsos de acero..."), frente a la actitud dulce y blanda prevaleciente en "Poda de

pan y del agua, es la base sobre la cual debemos evaluar el sitio de esta poesía en la cultura de nuestro país.

almendro". El tercero, "Hijo árbol", muestra menos los accidentes de la actividad, que el resultado mismo de la labor: el árbol podado como una escultura, plenamente estilizado, tanto por el ambiente de invierno que lo envuelve como gasa espiritual, como porque se lo compara con un gesto pensativo, ya no guerrero:

> como el perfil de Erasmo
> de Rotterdam, absorto por el pasmo
> de su dureza y su enjutez de cobre.

Es la sublimación ascética después de la lucha con Holofernes, después de las heridas de Roldán. Una vez más, lo que resalta es el perfil, el grabado, lo que se burila como huella en la materia. Transitamos desde los colores fuertes del rosal al nulo matiz de este último árbol, desde el combate titánico del primer soneto al escueto reconocimiento de la "norma de amargura" consubstancial a su poesía. Es una vuelta a la "desolación" original, ya no en ese sur de Chile, allá en Magallanes, sino en los Países Bajos de su ascetismo espiritual, al norte de sus Provenzas y del amado Mediterráneo. Al mismo tiempo, condensado en ese verso que nos ha servido para rotular este trabajo: "mi corazón es un cincel profundo", la poetisa nos comunica la conciencia de su hacer poético como obra escultórica —desbrozamiento tenaz del cuerpo para coger, en el cuenco de las manos, la reliquia supérstite del alma.

GESTO ESCONDIDO

Ha sido este un viaje desordenado por el museo viviente de una poesía. Antes de terminar, sin embargo, no quisiéramos dejar de aludir a lo que posiblemente sea el gesto más larvado y secreto de la Mistral. Nunca presente, apenas insinuado, él nos habla desde una significativa oquedad. Justamente, en las tres marchas de "La fuga" sólo constatamos su ausencia, pues ha sido rigurosamente soslayado en los misterios gozoso y doloroso del caminar.

El gesto emerge a veces, desplazado de su centro efectivo, en varios poemas de adioses o despedidas que escribió la viajera incansable que fue la Mistral. En ellos, es lógico y natural que la mujer vuelva la cabeza hacia atrás, para recordar o para decidir el olvido. Típicamente, la mayor parte de estas piezas se hallan reunidas en la sección "Vagabundaje", de *Lagar*. En uno de ellos, escribe:

> Si Dios quiere vuelvo un día
> de nuevo la cara . . .[17]

El hermoso "Si Dios quiere" es eco del conjuro popular, pero al mismo tiempo protección ante un gesto eminentemente peligroso.

[17] "Despedida", "Vagabundaje, 3", *Lagar*.

De manera menos llana, en "Emigrada judía", el recuerdo de la aldea abandonada por la mujer hace que su cuerpo se desdoble, viviendo escindido entre frente y espaldas:

Una soy a mis espaldas,
otra volteada al mar:
mi nuca hierve de adioses,
y mi pecho de ansiedad.

La escultura humana, en esta mujer, parece desgarrada convivencia entre un pasado abolido y un futuro que nada reserva, salvo la inercia de la marcha. El gesto de volverse, entonces, de mirar atrás, se incorpora a situaciones vitales, las del adiós o el exilio; y en ellas se deposita, como en simbiosis, evitando cuidadosamente desprender y proclamar su verdad.

El estrato más hondo en esta arqueología del gesto lo hallamos en los poemas "Sal" y "Patrias". El primero, perteneciente a las "Materias", de *Tala,* es el único entre aquéllas que tiene un tono directamente penitencial, pues casi todas las "Materias" son memoria de la infancia y del reino de los juegos. Lo cual es evidente en la conclusión de "Sal" donde, a la inversa de lo que ocurre en las otras "Materias" y en los himnos de "América", el ritmo no conduce a la eternidad, sino que, por el contrario, mujer y substancia entran como prisioneras en la casa del mundo:

Ambas éramos de las olas
y sus espejos de salmuera,
y del mar libre nos trajeron
a una casa profunda y quieta:
y el puñado de Sal y yo,
en beguinas o en prisioneras,
las dos llorando, las dos cautivas,
atravesamos por la puerta . . .

Este fin de "Sal" nos revela el subyacente dramatismo del poema, que se va imponiendo gradualmente a la escena familiar. La sal va dejando de ser substancia doméstica para mostrársenos como el alimento del dolor ("Me salaba los lagrimales") y, sobre todo, cual substancia penitencial:

halla la blanca y desolada
duna de sal de mi cabeza.

Muy sugestivamente el primer gesto de la materia, al iniciarse el poema será éste:

La sal, cogida de la duna,
gaviota viva de ala fresca,
desde su cuenco de blancura,
me busca y vuelve su cabeza.

El gesto como tal se disolverá en seguida, desaparecerá de la superficie, pero será el desencadenante y estará siempre activando la relación de la pareja al identificar la materia con casi el nombre de la protagonista ("Santa Lucía blanca y ciega"[18]) y al transformarnos, así, el "cuenco de blancura" inicial en las cuencas ciegas de los ojos. En una escena paralela de "Muerte del mar", leemos:

Quedaban dunas-fantasmas
más viudas que la ceniza,
mirando fijas la cuenca
de su cuerpo de alegrías.

La sal es, acá, ahora que el mar se ha replegado del mundo, substancia directamente penitencial, la ceniza del pecado y del arrepentimiento bíblicos. Y es que, en el fondo, en "Sal" ya habita virtualmente el poderoso lamento que será "Muerte del mar" que, si por un lado es prodigiosa profesía histórica sobre el Chile de hoy, es a la vez imagen inconsciente del Mar Muerto; esto es, de la Tierra Santa vista en la dimensión del pecado y su castigo.

Sería largo perseguir la contorsión de estas imágenes, sus rastros y propagación en la conciencia del poeta. Ellas demarcan un área que, si la sumamos a los índices ya reunidos (el gesto crucial de volver la cabeza, el nombre propio, el sentido penitencial del poema, etc.), explica a su vez porqué las menciones de figuras bíblicas se polarizan en la Mistral hacia la edad de los patriarcas y, sobre todo, a las generaciones de Abraham ("yo con mi cuerpo de Sara vieja") y siguientes, las de Isaac y Jacob. Aquí mismo, en el poema "Sal", se invoca a Raquel y Rebeca las que, junto a Lía, surgirán a menudo en sus poemas. Todo ello se orienta a un territorio, el de la ciudad maldita, de donde extrae su fuerza trágica el gesto de volver la cabeza.[19] Las llamas del castigo divino, la ceniza del arrepentimiento y la terrible amenaza de la estatua de sal hallan, aquí, un convergente sentido.

Que este paisaje bíblico es el soslayado, que a él apunta el gesto evasivo, es algo que comprueba el poema "Patrias". Escrito en recuerdo de Montegrande natal y de su querido Mayab el poema encauza la ascensión de la mujer:

Cuesta repechar el valle,
oyendo burlas del mar.
Pero a más andamos, menos
se vuelve la vista atrás.

---

[18] Lucía, LuciLa —como antes Rodin, RodiG. Sería delicioso "lacanizar" un poco, y hablar, de la letra L como la letra que falta y de la G como la letra que sobra —en un escultor que es masculino y femenino a la vez. L, G, entonces, el monograma de Lucila Godoy o, invertido, las letras que encierran su pseudónimo: Gabriela MistraL. Agréguese, es claro, algo más de jerga... ¡Pobre Lacan, pensador profundo sin duda, a pesar de la grey de sus epígonos!

[19] "Pero la mujer de Lot miró para atrás y quedó convertida en estatua de sal" (Génesis, 19:26).

El peligro ha sido superado, la tentación ha sido vencida. Porque ambos acechaban de veras en el núcleo del poema y la mujer había debido decir, con tensa voluta y contorsiones:

> Hay dos espaldas en duelo
> que un calor secreto dan,
> grandes cervices nocturnas
> tercas de fidelidad.
> *Las dos volvieron el rostro*
> *para no mirar a Cam,*
> pero en oyendo sus nombres
> las dos vuelven por salvar.

Desplazamiento y substituciones configuran en este punto un pasaje tan intrincado que es imposible desenlazarlo.[20] Digamos, para limitarnos a lo fundamental, que la raza maldita de Cam reemplaza al lugar maldito anterior; y que el gesto amenazante se conserva, pero desprendido de su signo nefasto: es un volver la cabeza, sí, pero *para no mirar*. Y tal vez, tal vez, toda la admirable eclosión de figuras escultóricas que puebla el universo de la Mistral sea un modo de "no mirar" a la mujer de sal que engendró su gesto primigenio, la escultura invisible que modeló de sí misma:

> En Gabriela había muchas zonas oscuras, honduras y misterios —aquello que sabía de "ceniza y firmamento" [...], oscuras cosas que yo no comprendí al principio, o que no comprendí nunca; pero que supe respetar siempre.[21]

En suma: plasmación de la dualidad del ser humano, según su sentimiento cristiano del mundo; conciencia de la actividad poética como oficio de esculpir, y vislumbre también de su acongojada vida interior: todo eso le suministra a la Mistral la experiencia plástica. Esta deja de ser lo que era en *Desolación*, traslado de otras modalidades estéticas a la esfera de la poesía, y se convierte, con *Tala* y con *Lagar*, en visión metafísica y personal de las cosas.

---

[20] La complejidad del texto mistraliano proviene, en parte, de la complejidad misma del pasaje bíblico. Estamos seguros de que la extraña escena debió hacer meditar profundamente a la poetisa: "Cam, padre de Canaán, vio que su padre estaba desnudo, y fue a decírselo a sus dos hermanos que estaban fuera. Sem y Jafet, en cambio, tomaron un manto, se lo echaron al hombro y, *caminando de espaldas,* entraron a tapar a su padre. Como habían entrado *mirando para adelante,* no vieron a su padre, que estaba desnudo" *(Génesis,* 9:22-23). Pero, además, se trata de un montaje, pues el factor de la embriaguez de Noé se asocia con una escena posterior, en que Lot es embriagado por sus hijas para yacer con él *(Génesis,* 19:31-33). De ahí que, en lo hondo de esta escena, no haya sujeto ni objeto y pueda ser Cam el no mirado, en vez de Noé. ¡En verdad, tampoco es Cam!

[21] Palma Guillén, "Gabriela Mistral (1922-1924)", p. X. En: G. Mistral: *Lecturas para mujeres* (México: Porrúa, 1974).

GABRIELA MISTRAL
O LA RONDA EXTRAVIADA

por Jaime Giordano

Hay en la época modernista un impulso ilusorio, un optimismo ingenuo e inmerecido que en nuestra época resulta difícil de concebir. El "sentido idealista de la vida", esa "superior conciencia de humanidad", las "legítimas aristocracias del espíritu", contribuyen a establecer una literatura más segura de sí misma que en las anteriores épocas de la cultura hispanoamericana. La clase intelectual se considera con derecho a usufructuar de la herencia universal, y continuarla en Hispanoamérica. La patria es simplemente un marco como cualquier otro, donde la evolución de la cultura europea puede proseguir sin tropiezos. Hispanoamérica puede aspirar como Grecia a la juventud, la armonía, la belleza. Las altas burguesías, constituidas sobre una industria y un comercio alimentados desde fuera, se convierten en un poder comprador de cuanto artículo suntuario y de lujo produce la burguesía europea. El burgués hispanoamericano no tiene que producir, ni siquiera explotar sus propias riquezas; todo se hace desde fuera: las materias primas se venden; los artículos del vivir burgués se compran. Esta adquisición de los bienes materiales producidos en Europa continúa, por lo demás, una vieja costumbre hispánica desde Carlos V, con la diferencia de que ahora la ilusión parece completa: Hispanoamérica se siente en bloque arrastrada a creer que tiene tanto derecho a los bienes de la civilización como, por ejemplo, Francia. Si se compran sillones de estilo Luis XIV, porqué no se van a poder comprar (sin tener que crear) las imágenes poéticas de un Verlaine, el lenguaje de un Valéry o un Mallarmé. La poesía, invitada antes por Andrés Bello a radicarse en Hispanoamérica, ahora tiene pagado el pasaje y la estadía en las lujosas mansiones y bellos parques construidos por la nueva burguesía en Hispanoamérica. La complicidad entre el artista y el "rey burgués" llega a su punto crítico en el modernismo, y, aunque el poeta cante sus diferencias con el "rey burgués", siempre acaba derrotado, subsumido, como un rebelde cuya forma de complicidad es la derrota.

Tal como Ariel necesita de Calibán para subsistir, en las tres mujeres del bajorrelieve de Frémieux, descritas por Carlos Arturo Torres en *Idola fori,* se resume esta actitud del modernismo: rebeldía ante el positivismo y el materialismo burgués, pero, a la vez, reconocimiento de que ése es el suelo ideológico y social desde donde su arte se escapa bajo un gesto de disgusto o fastidio, de trágico e inútil rechazo, de remota ensoñación. En palabras de Rodó, la imagen de Carlos Arturo Torres representa "la armonía perenne que integran las generaciones humanas por las tres mujeres que ... tripulantes de la misma barca, mira la una, con aire melancólico, a la playa que dejaron; sondea la otra, con impaciente anhelo, la opuesta lejanía, y rige la tercera, en medio de las dos, con firme y sereno pulso, los remos que las llevan adelante". La burguesía encuentra su lugar en esta imagen. La tercera mujer, que no es de ninguna manera el proletariado, es la que tiene la fuerza y el control del movimiento histórico y económico; es la portadora de la fuerza material. Las otras dos mujeres representan, de manera más o menos confusa, la función de los intelectuales y artistas: uno pendiente del pasado, portador de la herencia, que recuerda con melancolía épocas de esplendor, y otro que ausculta el futuro, por donde esperamos asomará el espíritu en toda su plenitud.

Es primera vez que algo como esto ocurre en Hispanoamérica; y es magnífico que hayamos tenido por lo menos un periodo en nuestra historia en que fuimos herederos de la tradición universal y estuvimos perfectamente ubicados en el centro de la historia. La condición servil y colonial de Hispanoamérica es una realidad que sólo se irá develando a lo largo de las décadas del presente siglo.

Durante la época modernista esta ilusión fue la del rastacuero, la del individuo adinerado capaz de comprar (y traer) lo mejor que producía la burguesía europea, la del sirviente que se cree el igual de sus amos porque camina por los mismos pasillos, baja y sube las mismas escaleras, sus manos tocan las mismas porcelanas.

Los primeros demoledores de esta ilusión fueron los propios modernistas, decepcionados por la vejez y por la inevitable indiferencia del francés ante este optimismo infantil de una sociedad remota, primitiva y pretenciosa. París, después del deslumbramiento inicial, se cotidianiza; nuestros intelectuales sufren una angustia más concreta que la metafísica mientras transitan por sus calles. Los mundos de la imaginación heredados de Europa, o de las viejas culturas, no pueden repetirse hasta el infinito, como un alma no puede transformarse en un museo.

Los más efectivos demoledores del mito modernista fueron los llamados postmodernistas o. mejor, mundonovistas. Las pequeñas burguesías, contagiadas al principio (sobre todo durante la inocencia de los años formativos) por la ilusión arribista de sus amos, ven disiparse esos mundos como si hubieran sido meras alucinaciones. En todos los planos de la vida social y política la convivencia entre alta y pequeña burguesía se quiebra durante las primeras décadas de este siglo.

Gabriela Mistral debe ubicarse dentro de esta etapa social y cultural de Götterdämmerung; su poesía pasa por etapas de ilusión que acabarán en la más acendrada conciencia del crepúsculo de Dios y de los dioses que asola la inteligencia y la imaginación hispanoamericanas cuando se descubre nuestra esencial humildad cultural, nuestro aislamiento, y las limitaciones económicas de una alta burguesía dominada desde fuera, incapaz de asegurar siquiera su independencia.

Observemos algunos ejemplos que ilustrarán en sus aspectos más esenciales este proceso:

1. La rebeldía de Mistral frente al burgués repite uno de los temas del modernismo. La polaridad, sin embargo, no será la de lo "material" y "lo espiritual", como es en Darío o en Rodó, sino "lo material" frente a un "ser hacia Dios o hacia la muerte". Es decir, el concepto de espíritu ha sido desplazado de su posición de meta de la actividad humana, y se ha adquirido la conciencia de la mortalidad como destino existencial. El optimismo, natural o dogmático, de Rodó es reemplazado por el enfrentamiento ante la inmediata realidad que se cierne sobre nosotros, y frente a la cual sólo queda una ambigua (pero persistente en Mistral) esperanza religiosa.

> Y que, por fin, mi siglo engreído
> en su grandeza material,
> no me deslumbre hasta el olvido
> de que soy barro y soy mortal

> *(Poesías completas,* ed. de Margaret Bates.
> Madrid: Aguilar, 1968, 4a. ed., p. 351).

2. El concepto de futuro, en consecuencia, deja de tener la dimensión salvadora que tenía en Darío y Rodó. Presenta en Mistral dos perspectivas contradictorias: a) "hacia un ancla invisible las manos orientadas" (p. 84); b) "o Tú llegas", y aun así el "Señor" se limita al consuelo del suicida. La rosa ha perdido la dimensión metafísica que le asigna el simbolismo, en cuanto centro genital, y se convierte en pincel "de heridas". La belleza se degrada, "sombría". Ambas perspectivas futuras están dadas como alternativas, y no es nada seguro cuál de ellas se impondrá. La imaginación mistraliana parece sustentar una convivencia entre ambas contradictorias posibilidades:

> ¡Oh, no! ¡Volverlo a ver, no importa dónde,
> en remansos de cielo o en vórtice hervidor,
> bajo una luna plácida o en un cárdeno horror! (p. 95).

3. Incluso la alternativa positiva: Dios, el Señor, ha perdido su carácter absoluto. Dios padece innumerables vicisitudes en la poesía mistraliana: silencioso, triste, sin ardor, víctima, sufriente, estupefacto, sombrío, olvidado; o terrible, heridor, airado, causante de muerte.

4. El impaciente anhelo con que sondea la segunda mujer la opuesta lejanía (el futuro), según Torres, reflejaba la ansiedad por llegar a un destino

97

que cuesta aguardar: la impaciencia refleja optimismo. Cuando este "impaciente anhelo" acude a la imaginación mistraliana, el tono de liviandad humorística resulta fácil de percibir.

Nubes vaporosas,
nubes como tul,
llevad l'alma mía
por el cielo azul.
. . .
Nubes pasajeras,
llevadme hacia el mar (p. 129).

El viaje del alma que, en Darío, cruza varias etapas entre las cuales se cuentan principalmente el azul y el mar, se repite en el poema citado ("A las nubes"), pero con una indisimulable sonrisa sardónica. Y, además, no proclaman estos versos un viaje realmente actualizado, sino que se limitan a formular una rogativa a las nubes para que la saquen de un presente doloroso:

[Llevadme] ¡Lejos de la casa
que me ve sufrir,
lejos de estos muros
que me ven morir! (p. 129).

El futuro es, en verdad, un lugar valioso porque está lejos del presente. No tiene más realidad salvadora que ésa. Si el presente, en este poema, está marcado por el sufrimiento, el futuro es un lugar más hacia donde podríamos escaparnos. En el fondo, lo que pasa es que "mi alma se pudre". Esta putrefacción del alma nos indica un derrotero áspero y amargo de la imaginación que el modernista no conocía o, por lo menos, evitaba.

En otro poema, "Caricias", el viaje del alma se presenta como sintagma irónico y juguetón:

Los ojitos que me diste
me los tengo que gastar
en seguirte por los valles
por el cielo y por el mar . . . (p. 328).

Obviamente, el poeta recupera su optimismo sólo cuando logra recuperar cierta credulidad infantil, y los ritmos se aligeran como para expresar esta alegre regresión.

Perdida esta diafanidad de la memoria, lo que nos espera oscila entre aquellos "remansos del cielo" o ese "vórtice hervidor".

5.   La primera mujer del bajorrelieve de Frémieux es aquélla que "mira . . . , con aire melancólico, a la playa que dejaron". Desde luego que en un modernista como Torres, al igual que en Rodó, la playa que se ha dejado está

todavía al alcance de la mirada; se ha abandonado, pero su realidad no está perdida para nosotros.

Cuando Mistral ensueña ese pasado, lo imagina como una danza perdida, una ronda extraviada, un tesoro robado.

> Se acabaron los días divinos
> de la danza delante del mar (p. 389),

o:

> Yo soy de aquellas que bailaban
> cuando la Muerte no nacía ... (p. 427).

Pérdida y caída son condiciones del mundo de Gabriela Mistral. "Grutas" y "estrellas" se pierden en el poema "la memoria divina" (p. 404), aunque ella, en su pasado, vea su origen en "una tierra / donde no se perdía". La tierra de ahora es, en cambio, la tierra donde todo se pierde. "Tuve la estrella" y "tuve también la gruta", "y no supe guardarlos". La imagen modernista de las grutas (interioridades donde el alma se escapa, templos de la ensoñación) está remitida a un pasado que el hablante lírico considera remoto, inalcanzable.

> Y los perdí, sin grito de agonía,
> que vengo de una tierra
> en donde el alma eterna no perdía.

Es naturalmente una triste forma de eternidad aquella que se ha perdido.

En "La ley del tesoro" (pp. 405-407) su pérdida se da como una fatalidad. Ni daga ni lazo "por nada contara". Los agentes del robo son unos "genios sin cara":

> Me lo robaron en día
> o en noche bien clara;
> soplado me lo aventaron
> los genios sin cara ...

6.   Obviamente que entre los pasados perdidos, uno de los más llorados es el de la infancia. Los mundos mágicos están corroídos; aquellos que inspiraron a muchos de los mejores poemas modernistas de José María Eguren se han entristecido, llenos de sufrimiento y de orfandad. Un personaje típico de los cuentos infantiles, Caperucita Roja, cae víctima de una terrible muerte que no ha de tener resurrección:

> Ha arrollado la bestia, bajo sus pelos ásperos,
> el cuerpecito trémulo, suave como un vellón;
> y ha molido las carnes, y ha molido los huesos,
> y ha exprimido como una cereza el corazón ... (p. 373).

El optimismo del ensueño infantil y su posterior decepción está claramente dado en el poema "Todas íbamos a ser reinas" (p. 520).

7.   Y cuando envidia la suerte de otros seres que han sabido guardar su eternidad, expresa obviamente una tremenda ironía. Llama a aquéllos "los gloriosos", expresión que parece dedicada a los poetas de la generación anterior:

> Y nunca estamos, nunca nos quedamos
> como dicen que quedan los gloriosos,
> delante de su Dios . . . (p. 378).

8.   Si tuviéramos que imaginarnos a la primera y segunda mujer del bajorrelieve comentado por Torres, sus rostros expresarían confusión y dolor. La que mira hacia el pasado tanto como la que mira hacia el futuro. La consecuencia de esta quiebra de la ilusión modernista es la transformación del oficio de poeta en un "oficio de lágrimas, duro" (p. 91). El llanto es una "virtud" (p. 7); "verso y llanto" (p. 28) van unidos. La imagen de la fuente que en Darío nos conduce a la presencia numinosa que surge de su centro, localizada en el interior de una gruta después de una especie de viaje de iniciación, tiene su contrapartida lacrimosa en Mistral:

> Soy cual el surtidor abandonado
> que muerto sigue oyendo su rumor.
> . . .
> Soy como el surtidor enmudecido.
> Ya otro en el parque erige su canción;
> pero como de sed ha enloquecido,
> ¡sueña que el canto está en su corazón!
>
> Sueña que erige hacia el azul gorjeantes
> rizos de espuma. ¡Y se apagó su voz!
> Sueña que el agua colma de diamantes
> vivos su pecho. ¡Y lo ha vaciado Dios! (p. 96).

Extraña fuente aquella que padece sed. La imagen deja de ser un símbolo enigmático, numinoso, de comunión con una fuerza divina, como en el simbolismo dariano. Los "surtidores" carecen de suficiente agua, sufren sed, y quien los destruye es "Dios". La relación entre el símbolo de la fuente es, entonces, opuesto al de Darío; es una relación de separación, de abandono. Dios ha abandonado la fuente quitándole su agua. La relación se ha desmoronado. Y la otra fuente que está en el parque ha enloquecido de sed; su locura se refleja en su disposición para soñar. La identificación entre sueño y locura arroja un escepticismo más bien antimodernista a la poesía mistraliana, sobre todo si en "Todas íbamos a ser reinas" el mundo poético de Lucila se define como "reinos de locura". Los sueños del hablante lírico, cuyo plano evocado es el surtidor, desplazan la imaginación hacia un mundo irreal, ficticio, dominado por el autoengaño.

a) "Sueña que erige hacia el azul gorjeantes rizos de espuma", pero es sólo un sueño, porque el surtidor no tiene agua; b) "sueña que el agua colma de diamantes vivos su pecho", pero es sólo un sueño...

Compárese esto, sin embargo, con la americanidad de las diversas aguas que bebe el hablante lírico en "Beber" (p. 517):

Recuerdo gestos de criaturas
y son gestos de darme el agua (p. 517).

Los paisajes que se suceden son cuatro: a) el valle de Río Blanco; b) el campo de Mitla; c) la isla de Puerto Rico; d) la casa de mis niñeces; y todos ellos son "bebidos" a través del agua emergida de ellos. El poeta se pregunta: "Será esto la eternidad / que aún estamos como estábamos" (p. 519). Y es, naturalmente, una eternidad muy distinta a la del Darío de "La fuente": es la reiteración constante de lo cotidiano, en el acto de beber y en el recuerdo de las diversas aguas bebidas durante su vida.

La imaginación del surtidor está, pues, en directa relación con el "oficio de lágrimas"; y aquí debemos definir la expresión de la tercera mujer del bajorrelieve de Frémieux: la que "con firme y sereno pulso" rige "los remos que las llevan adelante". Toda esta serenidad, esta firmeza, se ha perdido, y el hablante lírico se deja llevar por una visión de mundo confusa, vacilante, donde lo que había sido familiar y maravilloso de pronto resulta extraño, como soñado:

Miré la senda, la hallé
extraña y como soñada.
¡Y en alba de diamante
tuve mi cara con lágrimas! (p. 59).

La ensoñación dramática del agua (surtidor, lágrimas, diamante) se combina aquí con la imaginación del alba, y la actitud fontanar de ambas imágenes resulta fácilmente aprehensible: alba y fuente tienen fuerza surgidora. Y el diamante es la forma más bella que puede asumir la imaginación del agua. Las lágrimas, en cambio, la más triste. Y ambas se reconcilian en esta alba que no promete belleza ni futuro esplendor, sino dolor. Y Dios es nuevamente quien está debajo de esto, quitándolo todo en vez de darlo: "Mi Dios me vistió de llagas" (p. 60). El alba está asociada al concepto de futuro, pero esta vez la expectativa es dolorosa:

¡yo tal vez por siempre
tendré mi cara con lágrimas! (p. 60).

El irá con otra
por la eternidad.
Habrá cielos dulces.
(Dios quiere callar) (p. 76).

La tercera mujer del bajorrelieve de Frémieux es, por tanto, la víctima de la confusión de todas las otras: el mito se disuelve; las mujeres apostadas en la banca pierden su sentido; el hablante lírico nos mira desde una dolorosa perplejidad.

9. Así es como ciertas figuras de la generación modernista aparecen hipostasiadas, llenas de lejanía e idealización casi emblemática; por ejemplo:

a) Amado Nervo está demasiado alto, frente a él el hablante lírico se siente que carece de méritos; no alcanza a llegar a las cimas que él alcanzó:

Acuérdate de mí —lodo y ceniza triste—
cuando estés en tu reino de extasiado zafir (p. 23).

b) José Asunción Silva. La noche cantada por José Asunción, "de Circe llena" ("Nocturno de José Asunción", pp. 393-395), está ahora

emponzoñada por el sapo
que echa su humor en hierba fría (p. 393).

La luna, decoradora enigmática del paisaje nocturno del poeta colombiano, se transforma en "barragana de gran falsía". Todo el poema está impregnado de una fuerte actitud antimodernista.

10. Incluso en el elogio hímnico a la tierra americana, se destaca su despojamiento divino:

Llegas piadoso y absoluto [el sol tropical]
según los dioses no llegaron.
. . .
No sabemos qué es lo que hicimos
para vivir transfigurados (p. 459).

Pero la medida de lo que es bello sigue dándola el modernismo: es decir, se destaca lo nuestro y también su valor por el hecho de ser nuestro; sin embargo, queda en claro su inferioridad respecto de ciertos cánones de belleza que están siempre latentes en Gabriela Mistral (y en el mundonovismo): hemos perdido el mundo del ensueño modernista, éste se nos aparece como imposible o perdido; vivimos en una realidad menesterosa que es superior por ser nuestra y que, al mismo tiempo, es inferior por no ser el ensueño perdido.

El ensueño establece un plano evocado de mitos helénicos, bíblicos, infantiles. Todo lo que viene después es más nuestro y, por tanto, más auténtico, pero ha perdido la dimensión eufórica que tenía el ensueño.

Me hallé la mancha de palmeras.
Reina tan dulce no me sabía.
A la Minerva del pagano
o a la Virgen se parecían (p. 642).

El plano real es el mundo local, inmediato, doloroso o disminuido, áspero o laxo; el plano evocado, explícito o implícito, son los mundos maravillosos del ensueño modernista que se ha perdido. El palmar, en la estrofa citada, tiene un valor inmediato por pertenecer al mundo del poeta, pero alcanzará otra dimensión estética, otra categoría de respetabilidad, cuando se relacione analógicamente ("se parecían") con: 1) una Reina; 2) la Minerva del pagano; 3) la Virgen. Estas posibilidades analógicas realzan el palmar en una típica imposición comparativa que sólo será desplazada en la poesía vanguardista. Podríamos decir que Mistral formula en este poema sus tres gracias: la Reina, la Virgen, la diosa Atenea.

Del mismo modo, los "mármoles helenos", en el "Himno del Arbol" (pp. 347-349), son una garantía de "viril serenidad", y, en este sentido, las imágenes características del ensueño modernista continúan ejerciendo su imperio estético, como entelequias de lo que es bello, aunque perdido.

> La encina es bella como Júpiter,
> y es un Narciso el mirto en flor.
> A él lo hicieron como a **Vulcano**
> el horrible dios forjador (p. 127).

El plano real "encina" se dignifica cuando se afirma que es "bella como Júpiter", lo cual no significa que "es, al igual que Júpiter, bella", sino que "su belleza es digna de compararse a la de Júpiter".

11.   El poema "Miedo" es uno de los que más claramente desarrollan el conflicto entre lo que parece más bello y superior y su rechazo por implicar un alejamiento de la vida presente, una realidad probablemente ficticia, insegura, que provoca miedo. Es un miedo localista, mundonovista, provinciano, pequeñoburgués a lo superior, a lo universal, a lo extraño al sitio en el que el hablante se encuentra:

> Yo no quiero que a mi niña
> la vayan a hacer princesa.
> Con zapatitos de oro,
> ¿cómo juega en las praderas?
> Y cuando llegue la noche
> a mi lado no se acuesta . . .
> Yo no quiero que a mi niña
> la vayan a hacer princesa.
>
> Y menos quiero que un día
> me la vayan a hacer reina.
> La pondrían en un trono
> a donde mis pies no llegan.
> Cuando viniese la noche
> yo no podría mecerla (p. 262).

No puede confundirse este miedo con el miedo mezquino de una madre, aunque naturalmente el poema participa de esta experiencia. Es, más aún, un poema que implica un rechazo al sistema de preferencias del modernismo, aunque todavía se considere superior ser "golondrina", ser "princesa", ser "reina", más que ser hija, niña o mujer. Dicho de otro modo, los "zapatitos de oro" son quizás los más bellos zapatos que se pueda imaginar, pero no sirven para jugar "en las praderas".

"El pavo real" es otro poema donde la maravilla del ensueño modernista establece el canon de belleza, pero se canta con desconfianza, como algo ajeno, enemigo:

el pavo real para mi mano
y que la mano se me va a secar (p. 283).

Es así como la "primavera" es verdaderamente bella, pero no sabe "de las vidas ruines". El tema se trata irónicamente:

Doña Primavera,
de aliento fecundo.
se ríe de todas
las penas del mundo...

No cree al que le hable
de las vidas ruines.
¿Cómo va a toparlas
entre los jazmines?... (pp. 336-337).

Conclusión.   La generación postmodernista o mundonovista, uno de cuyos máximos poetas es Gabriela Mistral, representa una etapa crepuscular de la estética modernista; representa un conflicto entre lo que la visión aristocrático-burguesa del mundo considera como bello y lo que los nuevos sectores (notablemente la pequeña burguesía) realmente conocen. Es un conflicto entre lo considerado bello por la tradición poética y "lo nuestro". El mundonovismo no superará esta contradicción. Sufrirá siempre esa dolorosa tensión entre la exaltación del propio mundo y la convicción, todavía imposible de desarraigar, de que, después de todo la belleza es ajena, está en otra parte, encerrada tras una puerta de mármol.

MISTRAL Y DARIO:
CONGRUENCIAS Y DIVERGENCIAS

por Martin Taylor

¡Ya viene el cortejo!
¡Ya viene el cortejo! Ya se oyen los claros
[clarines.
La espada se anuncia con vivo reflejo;
ya viene, oro y hierro, el cortejo de los paladines.

No de cortejo soldadesco y medieval, sino de desfile próximo y poético podrían haberse jactado escritores uruguayos, argentinos y chilenos de 1912. Porque, en efecto, Rubén Darío, el autor de esta "Marcha triunfal", y su séquito regresaban a la zona austral desde donde habían lanzado su carrera pan-hispánica veinticuatro años atrás. Se regocijaban ante el anuncio de que volviera victorioso —reflejo de oro y hierro— el que en 1886 había entrado desconocido y destartalado. Lo aplaudían, lo festejaban y lo buscaban entre julio y septiembre de 1912. Autores ya consagrados y los que aspiraban a la fama se aproximaban por carta y en persona. Darío mismo celebraba la atención cosechada porque el motivo de la gira era alentar a los escritores hispanoamericanos a mandar sus creaciones a las revistas *Mundial* y *Elegancias,* las que él dirigía en París.[1] Terminada la estadía en Buenos Aires, Rubén planeaba visitar Chile, donde había escrito, entre otras cosas, *Azul.* Pero enfermo de nervios y de alcoholismo no pudo resistir el viaje por tren y mula a través de las nevadas cumbres. Quería volver a Europa. Pidió que Alfredo Guido y Eduardo Montagne, colegas y compañeros de viaje, lo representaran ante el público chileno que nunca volvería a ver.[2] Murió cuatro años más tarde.

---

[1] Darío era el director literario de las dos revistas que aparecieron el mismo mes de mayo de 1911. Armando y Alfredo Guido, junto con Leo Merelo, eran los fundadores. He aquí su credo: [que] "en mis páginas alternen lo ameno y lo curioso con lo bello y lo útil, y se procurara que el interés no decaiga, y que toda suerte de lectores encuentre en tal repertorio complacencia, instrucción o provecho".
La Biblioteca Bancroft de la Universidad de California guarda números sueltos de *Mundial Magazine* para los años 1911 a 1914, los cuales sirven de guía al viaje de Darío. Véase el artículo de Javier Bueno, "El viaje de «Mundial»", Año II, No. 18 (octubre, 1912), 493.
[2] Edmundo Montagne sigue describiendo la trayectoria en "El viaje de «Mundial»,

Estos, al pasar por el pueblo de Los Andes, encrucijada entre Mendoza y Santiago, no sospechaban que allí viviera una maestra rural, de apellido vasco y de nombre rústico, para quien el viaje de Darío era un advenimiento.[3] Media un abismo entre el poeta de manos de marqués y sangre de indio chorotega y la poetisa de facciones aindiadas, pero a veces se unen por puentecitos literarios en el periodo que va de 1912 a 1917.

Para Lucila Godoy y Alcayaga, esa joven maestra de veintitrés años, quien desde 1904 publicaba en revistas y periódicos provincianos de Antofagasta, Coquimbo y Valparaíso, la ausencia de Darío era un golpe severo. Desde que se enteró de su venida, ella fantaseaba oralmente y por escrito las palabras que le dirigiría, los poemas y cuentos que le entregaría al Maestro. Siendo aún una figura marginal en el mundo literario de Santiago, no pudo participar en la revista *Musa joven,* que era un homenaje a Rubén preparado por Vicente Huidobro y Jorge Hübner Bezanilla, éste, por cierto, el futuro íntimo amigo de ella.[4] Le parecía a ella injusto, por encima de todo, el que los representantes de Darío nombraran a Rafael Maluenda asesor literario de *Mundial* y *Elegancias,* lo cual significaba que él revisaba de antemano todos los manuscritos. "Tonterías", se dijera ella con su acostumbrada impertinencia, y le envió directamente a Darío en París "El ángel guardián" y "La defensa de la belleza".[5]

Acto atrevido el de Gabriela y por tres razones: por desconocida, por mujer y por haber atajado el procedimiento establecido. Sin embargo, el tono de la carta adjunta, que aún se conserva en el Archivo-Seminario Rubén Darío, en Madrid, parecía desmentir el valor del acto.[6] En tonos humildes de discípula, la poetisa se prosterna ante el Maestro pidiendo juicio

Mundial, Año II, No. 22 (febrero, 1913), 935-944. Montagne y Guido partieron de Buenos Aires el 15 de septiembre y llegaron a Santiago el 18. En Santiago, Montagne se fastidió, naturalmente, al tener que explicar mil y una veces la ausencia de Darío. Pero lo realizó con gracia: "Acabo de manifestárselo a [Rafael] Maluenda, a [Manuel] Magallanes [Moure]; nuestro amado Rubén no se halla para travesías andinas a lomo de mula! Y el Pegaso le tiene encabritado, porfiando un rápido regreso a Lutecia." Montagne también proporciona una valiosa retahila de los nombres más distinguidos que conoció en Chile.

[3] En un artículo pintoresco, Montagne, *ibid.,* No. 21 (enero, 1913), 822-835, describe su rápido paseo por el pueblo de Los Andes la víspera de los días patrios (18-20, septiembre). No conversó, al parecer, con los personajes del pueblo, pero sí se fijó en la hermosura y la tranquilidad: "¡Qué linda la plaza! Sus diagonales, entoldadas de frondas, se hallan escrupulosamente embaldosadas. Sus jardines, con flores en profusión como en los antiguos vergeles, están bordeados de arrayanes bajos, para que no obstruyan la vista."

[4] En la biografía, "Gabriela Mistral: The Chilean Years", que están preparando para la University of New Mexico Press Margaret Rudd y Martin Taylor, se examina este asunto amatorio.

[5] Maluenda era secretario de redacción de *El Diario Ilustrado* en este momento. Escribió bosquejos *(Escenas de la vida campesina),* y en 1932, *Confesiones de una profesora,* donde es fácil "señalar referencias a personas conocidas, [por ejemplo] a Gabriela Mistral", según Raúl Silva Castro, *Panorama literario de Chile* (Santiago: Editorial Universitaria, 1961), p. 258. Ver a Martin C. Taylor, *Sensibilidad religiosa de Gabriela Mistral* (Madrid: Editorial Gredos, 1975), pp. 34-35, 257, para la historia de un conflicto entre Mistral y Maluenda debido a que éste no le publicara supuestamente algunos artículos para *El Mercurio,* el año 1948.

[6] Leí la carta en Madrid en el Archivo-Seminario que dirigía en ese entonces el profesor Francisco Sánchez-Castañer. Pero Antonio Oliver Belmás, el fundador del Archivo, la publicó en *Este otro Rubén Darío* (Barcelona: Editorial Aedos, 1960).

favorable y justicia imparcial. Implora a Darío que publique sus dos contribuciones en sus revistas sólo si tienen "un germen de pensamiento", una prosa titubeante. Pero si no valen nada, añade ella, escriba la palabra "malo, malo" en una hojita y fírmela. Se clasifica de mujer débil, una maestra de un remoto pueblo de los Andes, comparable solamente con las abuelas que quieren narrar cuentos a las niñas. Le confiesa haber sido influida por su "A Margarita" y "Niña-rosa", dos composiciones de suma delicadeza. Sin darse cuenta, Gabriela estaba palpando uno de los puntos más sensibles de ambos. Revela que el espíritu libre y creador nacía del niño que cada uno llevaba por dentro.

En los números de marzo y de abril de 1913 de *Elegancias*, aparecieron, respectivamente, "El ángel guardián" y "La defensa de la belleza". Las obras correspondían a los móviles socioliterarios de esta revista quincenal dedicada a la familia iberoamericana pudiente, de clase media alta.[7] Las dos composiciones convenían, sin duda, al estado de ánimo de Darío. El mismo sentía en cuerpo vivo cuentos de hadas y de misterio recitados por su nana. Y en cuanto a una defensa de la belleza, su creatividad entera enaltecía la hermosura. La aparición de Mistral en dos números seguidos de *Elegancias* facilitó su entrada en revistas y círculos literarios, hasta ese momento cerrados, a la vez que fortaleció su confianza personal. Su éxito le encaminó directamente a los Juegos Florales de 1914.

Darío y Mistral coincidían en su interés por lo oculto, sin que por ello existiera causa y efecto, influencia e influida. Desde su primera estancia en Buenos Aires, y luego en París, Darío fue hechizado por el onofrofismo, la telepatía, la astrología, el pitagorismo, el ensueño, la mitología y la palabra como emanación de fuerzas divinas e inefables.[8] Gabriela, debido a conocimientos teosóficos que nacían de lecturas de Annie Besant, Amado Nervo y Rabindranath Tagore, buscaba un camino religioso ecléctico. Sin disminuir en absoluto la capacidad de Darío para ahondarse en artes mágicas, yo diría que él parecía pulular por estas materias esotéricas. Mistral, en cambio, tomaba muy en serio la meditación, el yoga, los baños de sol, la comida vegetariana, cartas con Annie Besant, charlas con teósofos de la logia Destellos de Antofagasta.[9] Pero lo que es más, existe en ella una elección personal de eludir el catolicismo y encontrar la justicia en el llagado Cristo, primitivo y redentor. El Darío de esta última etapa, asustado por el abismo final, volvió al catolicismo que había renunciado de joven.[10]

---

[7] *Elegancias* lleva como subtítulo entre paréntesis lo siguiente: "(Arte, Sociedad, Modas, Cuentos, etc.)." En *Elegancias*, Año IV, No. 37 (mayo, 1914), aparece "Por qué las cañas son huecas", de Mistral.

[8] Sobre estas cuestiones hay mucha bibliografía. Consulte las obras de Enrique Anderson Imbert, de Raymond Skyrme, de Dolores Ackel Fiore, de Arturo Marasso Roca. Vale destacar *La edad del ensueño: Sobre la imaginación poética de Rubén Darío* (Santiago: Editorial Universitaria, 1971), por Jaime Giordano. Ver también a Jaime Concha, "El tema del alma en Rubén Darío", *Atenea*, Año 44, Nos. 415-416 (enero-junio, 1967), 39-62.

[9] Sobre el aspecto religioso de Mistral, consulte el capítulo IV (sobre la teosofía y el catolicismo) del libro de Martin Taylor, *op. cit.*

[10] Keith Ellis, en *Critical Approaches to Ruben Darío* (Toronto: University of Toronto Press, 1974), p. 70, acentúa el catolicismo de Darío. Se basa en algunas observaciones

Las congruencias y divergencias entre los dos quedan patentes en su poetización del cisne. Vale resumir brevemente el conflicto entre parnasianos y simbolistas franceses antes de fijarse en el problema entre los hispanoamericanos. Los simbolistas Verlaine y Mallarmé se oponían a que los parnasianos Leconte de Lisle y Théophile Gautier elogiaran primordialmente la hermosura exterior del ave sagrada.[11] Dice Verlaine: "Prends l'eloquence et tors-lui son cou", o "Tuércele el cuello a la elocuencia". Entre los hispanoamericanos, Darío prefirió dejar intacto el arco suave e interrogante del cuello del cisne porque simbolizaba la pregunta enigmática sobre la naturaleza del universo y de la hermosura. Enrique González Martínez no se opuso al aspecto serio y filosófico de Darío, pero sí se negó a aceptar el exceso retórico, superficial y erótico que conllevaba el cisne dariano. Al transformar la frase verleniana en "Tuércele el cuello al cisne de engañoso plumaje...", el poeta mexicano de "Los senderos ocultos" rechazaba la opulencia, los colores, la pirotecnia verbal y la falsa elegancia.[12] Mistral, así como González Martínez, admiró a Darío, pero nunca lo emuló por su artificialidad. El símbolo central de "Cultivemos las flores", de Mistral, es el cisne cuyo cuello es amenazado por el dinero y la tecnología.[13] Ella, en vez de poetizar el erotismo implícito y el aspecto decorativo, eligió ahondarse en sus implicaciones sociomorales. No por eso dejó de defender la belleza, todo lo contrario. Ella apoyó el juicio de John Keats, es decir, "La belleza es la verdad", y no el de los modernistas de filiación parnasiana, de la belleza por la belleza.

Pertinente para situar bien a los dos poetas es su concepto distinto de la imitación de las artes plásticas por medio de la poesía, es decir, la *ut pictura poesis* de Horacio. En la poesía de Mistral no hay eco de *Los trofeos* del parnasiano cubano-francés José María de Heredia. Tampoco aparecen las recreaciones opulentas y bizantinas de Gustave Moreau por Julián del Casal, la estatuaria verbal de Guillermo Valencia, ni la arquitectura y mitolo-

de la disertación de Catalina Tomás McNamee, "El pensamiento católico de Rubén Darío" (Madrid: Facultad de Filosofía y Letras, Universidad de Madrid). En las páginas 39 a 40, ésta insiste en "el eco de la gran armonía cristiana que resuena por toda la creación".

[11] Théodore de Banville también asalta al cisne en "Socrate et sa femme" (1886): "Voyez-la qui se penche sur son cou de cygne / le cou charmant je veux le tordre."

[12] González Martínez inauguró su repudio del dariísmo en el soneto a lo Darío, "Silénter" (1909). El poema comienza con una imitación caricaturesca:

En mármoles pentélicos, en bloques de obsidiana,
o en bronces de Corinto esculpe tu presea,
el orto de Afrodita, el triunfo de Frinea,
o un lance cinegético de las ninfas de Diana.

Luego el mexicano rompe con el estilo dariano, regresa a lo suyo, y exhorta a que el Maestro se envuelva "en la nube prestigiosa del sueño", lejos del bullicio y el aplauso. Escribió "Tuércele el cuello al cisne" en 1910, pero lo publicó en 1911 en *Los senderos ocultos*. El poeta reanuda su posición en *La muerte del cisne* (1915), sobre todo en "Mañana los poetas", donde profetiza cambios de forma, pero no de substancia entre los poetas venideros. El título del libro le inspiró a José Manuel Topete el estudio "La muerte del cisne (?)", *Hispania*, XXXVI (1953), pp. 273-277.

[13] Apareció en *Sucesos*, de Valparaíso (13 de abril de 1913). Está muy vinculado al *Jardinero* (1913) de Rabindranath Tagore.

gía de Rubén Darío. Ejemplifican la situación "El Pensador de Rodin" y "La Cruz de Bistolfi". El primero es una meditación sobre la muerte; la poetisa revivifica al broncíneo "Pensador", le hace recordar que es "carne de la huesa, / carne fatal delante del destino desnuda", y pronto transforma su "primavera ardiente" en un otoño de pesadilla. En la misma vena, "La Cruz de Bistolfi" es una poderosa representación del sacrificio cristiano y humano:

> Cruz que ninguno mira y que todos sentimos,
> la invisible y la cierta como una ancha montaña;
> dormimos sobre ti y sobre ti vivimos;
> tus dos brazos nos mecen y tu sombra nos baña.

> De toda sangre humana fresca está tu madero,
> y sobre ti yo aspiro las llagas de mi padre,
> y en el clavo de ensueño que le llagó, me muero.

Al enfocarse sobre "El Pensador" y sobre el Cristo crucificado, ambos arquetipos esculturales, Mistral penetra su epidermis, los vivifica, y transforma su angustia en un ejemplo del sufrimiento universal.[14]

Debido a la muerte solitaria y esperpéntica de Rubén Darío en Nicaragua, a la guerra asoladora que destruyó la Belle Epoque, y al creciente énfasis en la literatura sobre temas nativistas o introspectivos, o surrealistas, se anulaban los valores del modernismo. En Chile, la tierra donde Rubén comenzara su campaña modernista, siempre eran más numerosos los rubendariacos que los rubendariístas. No sorprendía, entonces, el que Ernesto A. Guzmán declarara, al defender su *Antología de poetas contemporáneos,* de 1917, contra un criticismo severo de Omer Emeth:

> ...colocamos allí todo el que creemos poeta, al que es poeta para nosotros, no al versificador de lugares comunes o al repetidor de añejeces de museos. Nada tenemos que ver tampoco con Rubén Darío, ni con sus hijos espirituales; hemos tomado en cuenta la personalidad de cada autor, su diferenciación, su originalidad de pasión y de pensar, es decir, su inconfundible calor de propia vida.[15]

Y ahí, precisamente, en esa *Antología* antidariana, pero no antimodernista, figura Gabriela Mistral. El grupo literario que auspició la *Antología,* llamado Los Diez, no rechazaba el modernismo. Pedro Prado, por ejemplo, el jefe y fundador del grupo y amigo de Mistral, era un simbolista. Así que el crite-

---

[14] A través de la escultura de Laura Rodig, alumna suya de Los Andes, Gabriela abordó la escultura como tema poético. Pedro Prado, escultor, arquitecto y pintor, amén de poeta, le guiaba formalmente en *Ensayos sobre arquitectura y poesía* (Santiago, 1916). Prado, poeta simbolista, enaltecía la belleza del modernismo.

[15] Citado en el amplio estudio de Raúl Silva Castro, "Pedro Prado: Vida y obra", en la *Revista Hispánica Moderna,* Año 26, Nos. 1-2 (enero-abril, 1960), pp. 34-35.

rio de Los Diez era amplio, con tal de que los poetas no plagiaran, imitaran o adularan a los llamados maestros. Darío, por desgracia, fue para ellos el chivo expiatorio. Los Diez no sólo condenaron a sus muchos imitadores sino al Maestro mismo. Guzmán y sus compañeros literarios se olvidaron de que el propio Darío había advertido a sus posibles epígonos contra el mal efecto de seguirlo de cerca.

A fines de 1917, o a comienzos de 1918, dos periodistas entrevistaban a Gabriela. Resultó que la maestra rural de Los Andes había sido nombrada por don Pedro de Aguirre, Ministro de Educación, jefa de una comisión que se destinaba a Punta Arenas a "chilenizar" a los pobladores de esa región desolada. "¿Y qué le parece Rubén Darío?", le preguntó uno de los periodistas. Antes de responder, ella lo recalcaba bien. Pensaba, primero, en las injusticias personales que había sufrido ella, sobre todo por unos versos inocentes alabando las maravillas naturales de Dios. En este caso, el capellán Munizaga calificó de "herejías" estos poemas a la naturaleza, y no permitió que ingresara en la Escuela Normal de Preceptoras. Por otra parte, notó ella con esa mirada lejana, se cotizaba a los escritores tal como valoraban las cosas materiales. Por lo demás, como poeta se horrorizaba ante la veleidad de la crítica. Recordaba que a lo largo de todo el año 1917 sufría calumnias y caricaturas en la revista *Sucesos* escritas o urdidas por un tipo con el seudónimo "Juan Duval".[16] En realidad, Duval era un adinerado vendedor de abarrotes que se presumía de crítico. Duval atacó a Ernesto Guzmán por su *Antología,* y asimismo a Mistral en particular por su poesía oscura, que él no entendía en absoluto. Al reflexionar sobre estos problemas, Gabriela respondió al periodista sin gritos ni titubeos: "Al Maestro no le hemos tratado bien aquí." Agregaba que no hacía falta escribir como él, o quererlo personalmente, pero el abuso de un gran escritor era intolerable.

Así como las primeras, las últimas palabras pertenecen a Darío, pero se extienden a Mistral también. Aunque toda marcha triunfal, reconoció el primitivo Maestro de ella, termina en "la tumba que aguarda con sus fúnebres ramos..." ("Lo fatal"), el viaje, por muy duro que sea, vale la pena si la meta es el arte:

Juventud, divino tesoro,
¡te fuiste para no volver!
Cuando quiero llorar, no lloro,
y a veces lloro sin querer...
. . .
¡Mas es mía el alba de oro!

---

[16] Información que nace de las investigaciones de Margaret Rudd. Ella explica este grave asalto personal en la biografía ya citada.

DIALOGO MISTRAL-NERUDA

por Margaret T. Rudd

En 1936, a la edad de cuarenta y siete años, Gabriela Mistral escribió:

> Neruda significa un hombre nuevo en la América, una sensibilidad con
> la cual abre otro capítulo emocional americano ... La poesía última ...,
> de la América, debe a Neruda cosa tan importante como una justifica-
> ción de sus hazañas parciales. Neruda viene, detrás de varios oleajes
> poéticos de ensayo, como una marejada mayor que arroja en la costa la
> entraña entera del mar ... Neruda hace estallar en "Residencia" unas
> tremendas levaduras chilenas que nos aseguran porvenir poético muy
> ancho y feraz.[1]

Alrededor de 1969, a la edad de sesenta y nueve años, Pablo Neruda escribió:

> Llegas, Gabriela, amada hija de estos yuyos, de estas piedras, de este
> viento gigante. Todos te recibimos con alegría. Nadie olvidará tus can-
> tos a los espinos, a las nieves de Chile. Eres chilena. Perteneces al pue-
> blo. Nadie olvidará tus estrofas a los pies descalzos de nuestros niños.
> Nadie ha olvidado tu "palabra maldita". Eres una conmovedora parti-
> daria de la paz ...

> Llegas, Gabriela, a los yuyos y a los espinos de Chile. Bien vale que te
> dé la bienvenida verdadera, florida y áspera, en conformidad a tu gran-
> deza y a nuestra amistad inquebrantable ... Nada más grato a mi cora-
> zón que ver tu ancha sonrisa entrar en la sagrada tierra que el pueblo de
> Chile hace florecer y cantar.

> Me corresponde compartir contigo la esencia y la verdad que, por gra-
> cia de nuestra voz y nuestros actos, será respetada. Que tu corazón

---

[1] Gabriela Mistral, *Recados, Contando a Chile*, Editorial del Pacífico, Santiago, 1957.
pp. 168-169.

maravilloso descanse, viva, luche, cante y cree en la oceánica y andina soledad de la patria. Beso tu noble frente y reverencio tu extensa poesía.

Ambas expresiones se basaban, no tanto sobre una amistad personal, sino más bien sobre su mutua comprensión, la cual se explica en comunidad de procedencia, de carreras, de motivos y de reacciones. Pertenecientes a distintas generaciones (Lucila Godoy Alcayaga tenía ya quince años cuando el niño Neftalí Reyes Basoalto fue bautizado) se encontraron contadas veces pero sin duda más a menudo de lo que dejaron indicado. Muchas veces apenas faltaron de coincidir sus encuentros, pues siendo ella la mayor, casi siempre lo precedía, hasta en recibir, cada uno, el Premio Nobel de Literatura, Gabriela en 1945, Neruda en 1971. Estos casi-encuentros se repetían como intervalos antifonales recordativos de la amistad entre Tchaikovsky y Nadejda von Meck.

Chilenos los dos, de procedencia rural —Gabriela de un valle andino en el "norte chico" de su país, y Neruda de Cautín, provincia del sur inundada por la lluvia—, dos poetas errabundos en el servicio consular llevando siempre por dentro la esencia de su niñez, anhelantes ambos de paz, la cual buscaban, ya en la lucha ya en medio de la soledad, cada uno arreado por la obsesión de la muerte, la angustia, el dolor... Gabriela Mistral y Pablo Neruda levantaron la voz en defensa de los desvalidos y en contra de la opresión. Tanto él como ella despreciaban todo artificio literario, especialmente las gastadas imitaciones del modernismo tan a la moda. Impulsados por semejantes motivos, a veces diferentes maneras de obrar, los colocaban en posiciones opuestas.

Neruda conoció a Gabriela por primera vez en Temuco por los años 1920-1921, siendo ella Directora del Liceo de Niñas en esa ciudad y él todavía joven huraño de diecisiete años, que apenas comenzaba a escribir sus garabatos poéticos. Neruda describió sus impresiones años después en los términos siguientes:

Por esos años llegó como directora del Liceo de Niñas en Temuco... una señora alta y mal vestida. Se cuenta que cuando las damas de la localidad le propusieron que se pusiera sombrero —todas lo llevaban entonces— contestó sonriendo:
"—¿Para qué? Sería ridículo. Sería como ponerle sombrero a la cordillera de los Andes."
Era Gabriela Mistral. Yo la miraba pasar por las calles de mi pueblo con sus tacos bajos y sus ropones talares y le tenía miedo. Pero, cuando, venciendo mi condición huraña, me llevaron a visitarla, la encontré buena moza, y en su rostro tan tostado, en que la sangre india predominaba, como en un bello cántaro araucano, sus dientes blanquísimos se mostraban en una sonrisa plena y generosa que iluminaba la habitación.

[2] Pablo Neruda, *Confieso que he vivido. Memorias*, México, Seix Barral, 1974, pp. 393-394.

Hernán Díaz Arrieta, quien citó lo antecedente, añadió:

La biblioteca del Liceo de Hombres permanecía siempre hermética; pero
la del Liceo de Niñas, por mano de Gabriela, proporcionó al niño "esa
seria y terrible visión de los novelistas rusos", y por ella Tolstoy, Dos-
toievsky, Chéjov entraron en su "más profunda predilección".[3]

Probablemente la próxima vez que se encontraron Gabriela y Neruda fue
en París en 1927. Gabriela, acompañada de su amiga mexicana, Palma Guillén, acababa de llegar a esa capital para trabajar en el Instituto de Coope-
ración en la Liga de Naciones. Neruda, joven de veintitrés años y recién
nombrado en su primer puesto consular, salió de Santiago en junio de ese
año rumbo a Rangoon vía Buenos Aires, Lisboa, París y Marseille. Si es
que se encontraron en aquella ocasión ha de haber sido en la oficina del
Instituto ubicado en Rue Monpensier No. 2, a no ser en el pequeño hotel
Palais Royal donde residieron Palma y Gabriela hasta el otoño cuando se
trasladaron a pasar el invierno en Fontainbleau. Indicación de que sí se encontraron ese año en París es que poco después Gabriela recomendó que se
incluyera poesía de Neruda en la proyectada serie de obras por autores
hispanoamericanos. El joven ecuatoriano Benjamín Carrión estaba colabo-
rando con M. Marcel Vuillermoz, de la imprenta Garnier en París, con el
fin de establecer una compañía dedicada exclusivamente a publicar obras
de autores contemporáneos de Hispanoamérica. En carta a Carrión fechada 1 de septiembre de 1927, en Pertius (cerca de Marseille), Gabriela recomendó la inclusión de obras por Pedro de Alba (senador mexicano), Arturo
Capdevilla, Rafael Martínez Arévalo, Pedro Prado y Marta Brunet. A estos
nombres añadió el de Pablo Neruda, de quien opinó que era "el mejor poeta
nuestro". En carta fechada febrero 3 de 1930, sobre el mismo asunto, escribió Gabriela:

Por Chile, naturalmente, Pablo Neruda, de quien tengo solamente un
libro de segundo orden, es lo mejor nuestro en la poesía actual. Cónsul
de Chile en Indochina. ¿Saigón, se llama eso? Escribirle; saludarle por
mí también. Gran temperamento y forma madura.[4]

Desde 1933 hasta 1935 Gabriela funcionó de cónsul chilena en Madrid,
y en 1934 Neruda fue nombrado cónsul a Barcelona. En octubre del mismo
año Neruda tuvo una hija nacida en Madrid y el siguiente diciembre pronunció un discurso y leyó poesías suyas en la Universidad de Madrid, siendo
presentado por el célebre poeta español García Lorca. Dos meses después,
en febrero de 1935, el gobierno chileno nombró a Neruda, ya funcionando
como agregado a la embajada en Madrid, a llenar el puesto de cónsul que el
súbito traslado de Gabriela a Lisboa dejó vacante. De su inesperado nom-

---

[3] Alone, *Los Cuatro Grandes de la Literatura Chilena*, Zig-Zag, Santiago, 1963, p. 181.
[4] Benjamín Carrión, *Santa Gabriela Mistral*, Editorial Casa de la Cultura Ecuatoriana,
Quito, 1956, pp. 134-136. La serie salió bajo el título *Creadores de la Nueva América*.

bramiento sólo escribió Neruda en sus *Memorias:* "Al llegar a Madrid, convertido de la noche a la mañana y por arte de birlibirloque en cónsul chileno en la capital de España..." Y esto sin explicar que su inmediato antecesor en ese puesto, Gabriela Mistral, ¡había sido sumariamente destituido! Ella, en carta escrita —pasados muchos años— a Zenobia, esposa de Juan Ramón Jiménez, escribió sólo que dos candidatos ansiaban ocupar su puesto, una mujer y un hombre, y que ganó el hombre, haciendo notable omisión del nombre de Neruda. ¡Curiosa evasión de parte de cada uno!

En efecto, ninguno de los dos parece haber dejado mención escrita de los encuentros que seguramente tuvieron en Madrid. A la casa de Gabriela llegaban hispanoamericanos de todas partes con la seguridad de ser bienvenidos. Neruda tiene que haber sido uno entre tantos, y, por supuesto, la célebre consulesa en Madrid asistió a la conferencia poética de su compatriota y colega al ser éste presentado en la universidad por nadie menos que Federico García Lorca. ¿Por qué, pues, no se encuentra referencia a ningún trato la una del otro durante aquel periodo crucial, tanto en sus carreras como en la historia de España? Apenas estalló la guerra civil cuando Neruda también fue destituido del mismo puesto madrileño. Dispone él de su destitución en sus *Memorias* en pocas palabras: "Mi función consular había terminado. Por mi participación en la defensa de la República española, el gobierno de Chile decidió alejarme de mi cargo." Pero como cuenta también en sus *Memorias,* fue en España que se adhirió él al comunismo. Durante esa guerra escribió *España en el Corazón,* obra que salió a luz en medio de la violencia misma, gracias a combatientes quienes soltaron el arma para tomar la pluma. Según el mismo Neruda, la guerra civil de España cambió su vida. Su adhesión ideológica al comunismo en esa etapa y su subsecuente adhesión formal al partido probablemente causaron que Gabriela excluyera su nombre del registro personal. Para ella, el comunismo llegó a serle anatema. En una malograda carta personal a Chile describió a España —la España que conoció ella en ese periodo en Madrid— en términos excesivamente despectivos. Por desgracia, se publicó esa carta en Santiago, lo cual causó que se apedrearan las oficinas de *El Mercurio* en esa capital. En vista de estos antecedentes —opuestas actitudes hacia el comunismo como hacia España— se comprende mejor el silencio de parte de ambos poetas en cuanto a su diálogo madrileño.[5]

Tres años después, en 1938 —esta aparente evasión se hizo evidente—, al salir de Santiago, después de su visita a Chile ese año, Gabriela se levantó temprano, tomó taxi y, acompañada de Mireya Lafuente, amiga artista que había enseñado en el Liceo No. 6 siendo Gabriela la Directora, salió a hacer visitas de última hora. Entre una lista de nombres que llevaba estaba el de Pablo Neruda. Frente a su casa, Mireya llamó a la puerta mientras Gabriela esperaba en el taxi. Volvió Mireya para decir que estaba Neruda todavía dormido. En esto Gabriela le entregó un paquete para que lo dejara

[5] Margaret T. Rudd, "The Spanish Tragedy of Gabriela Mistral", *Romance Notes,* Vol. XVIII, Number 1, 1977, University of North Carolina, Chapel Hill.

para Neruda. Contenía, según Mireya, el disco de una charla que había hecho Gabriela en Montevideo.[6]

Los caminos de estos dos chilenos peripatéticos se cruzaron, sin duda, en México, país que ambos llegaron a apreciar casi como el propio, cuya tierra evocó en ellos semejantes emociones, y cuyo conocimiento les dio más amplia visión de la América española. La primera estadía de Gabriela allí fue desde 1922 hasta 1925 cuando estuvo cooperando con Vasconcelos en su programa de educación nacional. Neruda primero conoció a la tierra mexicana en 1940 —tierra de la cual escribió que de todas las tierras americanas más se diferenciaba de Chile y cuyo pueblo encontraba profundamente humano. En ese año fue nombrado Cónsul General en México. Allí cometió el pecado político de rescatar al artista Siqueiros de la cárcel y expedirle pasaporte a Chile. Parece haber sido esto el motivo por el cual quedó suspendido de su puesto durante tres meses. Mientras tanto, estando de visita en Cuba, dio allí lectura a su poema "Canto de Amor a Stalingrado", el cual fue divulgado públicamente en la capital mexicana. Poco después su "Nuevo Canto de Amor a Stalingrado" fue publicado en México por la Sociedad de Amigos de la URSS, a la vez que se festejaba al poeta en Cuba, en Nueva York y en Guatemala. En 1943 Neruda partió de México rumbo a Chile, pasando primero por Panamá, Colombia y Perú en una marcha triunfal parecida a la de Gabriela en 1938. Como en el caso de ella, recibió aplausos y manifestaciones en cada país y en cada pueblo por donde pasó; visitó escuelas ya nombradas en su honor hasta ser acogido como poeta renombrado en su país.

Pero fue en 1949 cuando coincidieron sus caminos en México, aunque tampoco dejaron referencia escrita de haberse visto allí. Tal encuentro, sin embargo, parece haber sido inevitable. Veamos las circunstancias. Gabriela, ya cincuentañera y enferma, había llegado a invitación del Presidente Alemán. Después de una breve temporada en Veracruz, se ubicó en los alrededores de Jalapa, siempre con título de Consulesa de Chile. Como de costumbre, recibía visita de mexicanos y chilenos, pues todo el mundo deseaba conocer al primer recipiente del Premio Nobel de Literatura en Hispanoamérica. Además, a su casa llegaban intelectuales y políticos exilados de países hispanoamericanos. En 1948 Neruda, todavía en Chile, ya miembro formal del partido comunista, había sido destituido de su puesto de senador. El 5 de febrero de ese año el gobierno chileno ordenó la detención de Neruda. Después de meses pasados, como refugiado en su propio país, logró escaparse a duras penas atravesando los Andes hasta llegar a la Argentina. De Argentina partió para Francia, donde asistió al Primer Congreso Mundial de Partidarios de la Paz y fue nombrado miembro del Concilio de la Paz Mundial. En junio de 1948 hizo Neruda su primer viaje a la URSS donde los escritores rusos le rindieron homenaje por su *Canto de Amor a Stalingrado*. En julio pasó por Polonia y Hungría, volviendo a México en agosto de 1949 a tiempo para participar en el Congreso Latinoamericano de los di-

[6] Incidente que me contó Mireya Lafuente en Santiago en 1963.

chos "Partidarios". Según sus *Memorias,* permaneció allí, en México, gravemente enfermo hasta fines del año. Mientras tanto aparecieron obras suyas publicadas en Alemania, Checoslovaquia, China, Dinamarca, los EE.UU., la URSS, Argentina, Cuba, Colombia, México, y hasta en Chile donde el Editorial del Pacífico publicó su *Dulce Patria.* Naturalmente, hubo cada vez más presión para revocar la posición del gobierno en su contra. Entonces, para aumentar presión o tal vez como resultado de la misma, un grupo de distinguidos chilenos, entre ellos Gabriela Mistral, firmaron el siguiente documento destinado para el entonces Presidente de la República, Gabriel González Videla:

Solicitados por un grupo de intelectuales, y de acuerdo con los ilustres principios de nuestra tradición política, que siempre fue respetuosa de la libertad garantizando así el desarrollo de la cultura, aprobamos con nuestras firmas la iniciativa de representar a los poderes públicos la conveniencia de aprobar el libre retorno a la patria del escritor chileno Pablo Neruda, maestro renovador de la poesía hispanoamericana y reconocido (como tal) por la crítica de nuestro Continente y además por la crítica europea. F. A. Encina, J. Edo. Barrios, Eduardo Frei, Eugenio González Rojas, Gabriela Mistral, Carlos Ibáñez.[7]

Copia de este documento escrita a máquina, con la añadidura de "como tal" a mano, en la inequívoca letra de Gabriela, parece indicar que fuera ella quien compuso el mensaje.

Alrededor de 1952 durante la residencia de la errabunda consulesa en Nápoles debieron de haberse encontrado pero en esta ocasión como en Chile en 1938, Gabriela evitó obviamente el encuentro. En carta a González Vera (sin fecha, como muy de su costumbre, pero que puede fijarse según el contenido) Gabriela invita a su amigo chileno a visitarla en Nápoles donde, le escribió, conversarían mucho, lo llevaría ella al museo para ver esculturas clásicas, y hasta podrían comer "encima del mar". Le comunicaba también que se encontraba Neruda actualmente en Capri a donde "mi compañera americana va a verle mañana". Explicaba que ella misma no iba porque se podría marear, lo cual le hacía daño al corazón. Por lo visto, pues, aunque Gabriela podía muy bien comer encima del mar con González Vera, ¡le era imposible ir a Capri porque se podría marear!

Llegamos al año 1954, año en que la ciudad de Santiago festejó a ambos poetas. Ya para 1953 Neruda estaba de vuelta de la URSS, sus pecados políticos aparentemente perdonados, al menos por las autoridades. En enero de 1954 dictó cinco conferencias en la Universidad de Chile. En julio, al cumplir Neruda los cincuenta años, llegaron escritores de la China, de Rusia, de Checoslovaquia, del Paraguay, de Guatemala y de la Argentina para festejarle. En un teatro de la capital el más distinguido actor leyó poesías de Neruda. En otra ocasión, después que hubo Neruda presentado sus pa-

[7] Copiado del original, con permiso de Mireya Lafuente en Santiago, 1963.

peles y demás documentos personales a la Universidad de Chile, se inauguró la Fundación Neruda con discursos por el mismo autor y por el presidente de la universidad, don Juan Gómez Millas. Todas estas fiestas se realizaron antes de la llegada de Gabriela en septiembre del mismo año.

Hacía al menos dos años que se había proyectado lo que sería la última visita de Gabriela a Chile. Desde Europa ella resistía, pues era ya anciana y enfermiza. Al entrevistarle un periodista sobre el asunto en Nápoles, dijo ella: "Es tarde para pensar en viajes largos. Soy como esos gatos a los que hay que echarles aceite en las patas para que vuelvan. Debo cuidarme. Estoy vieja y muy enferma. ¿Si voy a Chile vería Chile? No lo creo. Me llevarían de un lugar a otro «oficialmente» sin intimidad. Son las dolencias de la forma. Entrevistas, fotografías, delegaciones... Me matarían en un mes. Prefiero seguir en Italia..."[8] En 1954 Mireya Lafuente, entonces presidenta de la Alianza de Intelectuales, tuvo audiencia con el Presidente Carlos Ibáñez para proponer que se invitara oficialmente a Gabriela a venir a Chile. Según Mireya, tuvo lugar la siguiente conversación:

Ibáñez: Pero Mireya, ¿no sabes tú que Gabriela no me quiere a mí y no vendría?

Mireya: Yo no la he oído nunca decir nada en contra... ¿Por qué?

Ibáñez: En mi primera administración, lo primero que me mandaron firmar era para quitar todos los encargos extranjeros; y le quitaron el sueldo a Gabriela —fue Torreblanca. Pero en cuanto lo supe, lo hice restituir. Hágale usted saber esto.

Mireya: Pierda usted cuidado. Yo se lo escribiré.

"Y así lo hice", me dijo a mí Mireya en 1963, "pero no me respondió Gabriela".

Resultó que por fin Gabriela aceptó. Nos preguntamos si fue solamente por casualidad que llegó ella a Chile en septiembre cuando ya Santiago acababa de presentar sus debidos homenajes al gran poeta político y activo partidario comunista.

En *El Mercurio* se leían casi diariamente informes sobre el curso del barco que traía al poeta desde Nueva York con sus dos compañeras, Doris Dana, su secretaria, y Gilda Péndola, artista italiana. Desde el momento en que el barco "Santa María" entró en aguas chilenas fue escoltado por una flotilla chilena. Telegrama por la AP dio noticia de una entrevista con la prensa de Lima a bordo y citó a Gabriela en los términos siguientes: "Siempre he tenido mala memoria excepto para el dolor, en cuya compañía he transitado y transito en vida." Con fecha 5 de septiembre salió lo siguiente: "Su hazaña literaria y espiritual constituye lo más grande que se ha realizado en la América española, y frente a ella son pálidos todos los homenajes y tibias todas las expresiones del afecto." Nos preguntamos qué habrá sentido Neruda al

[8] Uribe Echeverría, "Gabriela Mistral: Aspectos de su Vida y de su Obra", *Gabriela Mistral (1889-1957)*, Pan American Union, Washington D.C., 1958, p. 24.

leer esto. Otro artículo describía el entusiasmo de la recepción con que fue acogida Gabriela en Arica el día 4, al acompañamiento del himno nacional y de salvas militares desde el Morro. Allí subió a bordo un representante personal del Presidente Ibáñez desde donde acompañó al poeta hasta llegar a Santiago. El día 9 llegó el barco a Valparaíso y desde Yungay hasta la capital su tren especial fue acompañado por las multitudes a lo largo de los rieles.

Durante todo un mes se realizó la profecía de Gabriela. Según *El Mercurio*, unas 100,000 personas la esperaron en la Estación Central, la llevaron en auto a La Moneda donde la esperaba el Presidente de la República. Desde arriba en el balcón dirigió ella la palabra al gentío que parecía ser la ciudad entera, pues se había declarado día feriado en Santiago. Al día siguiente, el 10 de septiembre, en la Universidad de Chile se le declaró "Doctor Honoris Causa", primera vez que la universidad otorgara semejante honor. En esa ocasión Gabriela tomó la palabra y habló largamente, a veces divagando, pues, ella misma explicó, se le había olvidado lo preparado. Habló acerca de Europa, la pobreza y cómo combatirla. De vez en cuando se interrumpía para preguntar si "los mineros habían logrado reeivindicación" y cada vez hubo un silencio desconcertante. Después de soplarle varias veces, tuvieron que poner fin a su charla.

Siguieron las fiestas, los homenajes, en Santiago hasta el día 17 cuando se celebró en el Teatro Municipal el homenaje, con asistencia por invitación, del Comité Nacional de Homenaje a Gabriela Mistral. Concluido esto, partió Gabriela de la ciudad para pasar una temporada en su Valle de Elqui y volvió a Nueva York para recibir otro honor académico otorgado por la Universidad de Columbia.

De nuevo nos preguntamos acerca de Neruda. ¿En qué se ocupaba él mientras tanto? ¿En la construcción de su casa, La Chascona? Casi podría decirse que la misma ciudad de Santiago cooperaba en una mutua conspiración entre los dos poetas para guardar silencio, pues no aparece el nombre de Neruda durante la estancia de Gabriela.

Sin embargo, el diálogo Mistral-Neruda, empezado en Temuco hacía más de treinta años, no dependía del trato personal. Sus dos voces armonizan hoy día, más de cincuenta años después, en su común motivación, y en los temas a los cuales se dirigían, cada uno a su manera, y en los cuales a menudo se oyen notas resonantes, la una del otro.

Escuchemos a Gabriela:

Aunque son esto árboles que dan su fisonomía a cerros y valles, aquello que no se ve de lejos y que apenas se percibe de cerca pudiese ser lo más real que tiene la quebrada de mi recuerdo: la muchedumbre de hierbas aromáticas, las hierbas apasionadas de las tierras áridas, que al caminar con descuido... no se advierten; las hierbas duras de briznas eléctricas que han hecho el aire acérrimo, las pobrecillas aparragadas por el suelo, que echan en aroma lo que no echan en bulto... Cuando yo me acuerdo del valle, con ese recordar fuerte, en el cual se ve, se toca

y se aspira, todo ello de un mazazo de la emoción brusca: los cerros tute-
lares . . . y la bocanada de perfume de esas hierbas infinitas de los cerros.⁹

Ahora escuchemos a Neruda:

De repente sentí una influencia extraña y arrobadora que me invadía.
Era una fragancia montañosa, un olor a pradera, a vegetaciones que habían crecido con mi infancia y que yo había olvidado en el fragor de
mi vida ciudadana. Me sentí reconciliado con el sueño, envuelto por el
arrullo de la tierra maternal. ¿De dónde podría venir aquella palpita-
ción silvestre de la tierra, aquella purísima virginidad de aromas? Me-
tiendo los dedos por entre los vericuetos de mimbre del sillón colosal
descubrí innumerables cajoncillos y, en ellos, palpé plantas secas y lisas,
ramos ásperos y redondos, hojas lanceoladas, tiernas o férreas. Todo el
arsenal salutífero de nuestro predicador vegetariano, el trasunto entero
de una vida consagrada a recoger malezas con sus grandes manos de
san Cristóbal exuberante y andarín. Revelado el misterio, me dormí plá-
cidamente, custodiado por el aroma de aquellas hierbas guardianas.¹⁰

Siendo Gabriela y Neruda desterrados de su tierra tan preciada, ambos re-
vivieron aquella tierra en sus escritos. Vemos a Gabriela constantemente
solicitando datos acerca de plantas y animales de Chile —los pedía en carta
tras carta y a cada chileno que llegaba a verla en el extranjero. Los reunió,
por fin, en la preciosa fantasía, *Poema de Chile,* publicado después de su
fallecimiento. También Neruda, desde México, escribió sobre los pájaros indígenas de Chile. Después describió a su tierra natal en *Canto General,* obra
que juzgó ser su más importante.

Fue Neruda quien reconoció la común preocupación de ambos con la "palabra maldita". En la muerte de ella, escribió él que *"El Mercurio,* que ahora
llora lágrimas de cocodrilo, exoneró a Gabriela de su puesto de colaboradora
por más de 25 años, por haber escrito a favor de la paz y de la coexistencia
pacífica." ¹¹

En *Lagar,* publicado en 1954, se encuentran, según Torres Rioseco, "ex-
traños ecos de la poesía de Neruda". Diríamos más bien que se oyen ecos
de Gabriela en la poesía de Neruda. Los dos usan vocablos de intensidad y
pasión, tales como *aullar, eléctrico, soledad, dolor,* y a veces aún emplean
imágenes parecidas. Casi siempre sienten el dolor a causa de la soledad, la
pérdida —a veces de su "yo"— y, por supuesto, a causa de la muerte, cuyo
tema reaparece como una obsesión, aunque más en ella que en él. "Todos se
fueron", escribió Neruda, "me dejaron solo . . . me han convertido en humo."
(Las Manos del Día.) Gabriela, en el poema "Luto" escribió: "Yo que me
ahogo me veo/ árbol devorado y humoso, . . . Soy yo misma mi ciprés/ . . .
árbol de humo . . . Ven andar un pino de humo . . ."

⁹ Gabriela Mistral, *Recados, ibid.,* p. 116.
¹⁰ Pablo Neruda, *Memorias, ibid.,* p. 83.
¹¹ Pablo Neruda en *Vea,* Santiago, 17 de febrero de 1957.

Cierto que Neruda también escribía acerca de la felicidad, pero confesó que "sólo el dolor enseñó a ser". A veces se expresaba en contra de los escritores, inclusive de él mismo, que hacían alarde del dolor: "El escritor desventurado, el escritor crucificado, forman parte del ritual de la felicidad en el crepúsculo del capitalismo." [12]

Tanto Gabriela como Neruda, mantuvo intriga amorosa con el lenguaje. Como escribió éste:

> No se puede vivir toda una vida con un idioma, moviéndolo longitudinalmente, explorándolo, hurgándole el pelo y la barriga, sin que esta intimidad forme parte del organismo... El uso del idioma como vestido o como la piel en el cuerpo; con sus mangas, sus parches, sus transpiraciones y sus manchas de sangre o sudor, revela al escritor.[13]

Esta intimidad nos parece el más fuerte enlace entre las obras de ambos poetas. Fue, sin duda, lo que los llevó por otro camino que el del modernismo, camino que les condujo hacia el propio ser para así dar voz a la tierra y a su pueblo, y para llegar a profundizar hasta el corazón de América. En ellos se oye la voz americana, la voz de Hispanoamérica, de manera tan íntima, tan honda, hasta tocar lo universal. El crítico chileno, Luis Droguett, escribió en 1951:

> Este amor que Gabriela Mistral ha demostrado por lo americano halla su parentesco lírico, en factura y elaboración diferentes, pero siempre conmovedor y profundo, en la poesía de Neruda, de *Canto General*. La naturaleza, flora y fauna, hombres e historias de América, tienen en estos dos grandes de la lírica contemporánea a cultivadores sin alevosía, pues el verbo mana de ellos como la voz del Ande, como atropellada cascada andina, misteriosa y siempre multiforme.[14]

Neruda se identificó con Gabriela en esta actitud al escribir:

> Nuestra capa americana es de piedra polvorienta, de lava triturada, de arcilla con sangre. No sabemos tallar el cristal. Nuestros preciosistas suenan a hueco. Una sola gota de vino de *Martín Fierro* o de la miel turbia de Gabriela Mistral los deja en su sitio: muy paraditos en el salón como jarrones con flores de otra parte.[15]

Por "diálogo" se entiende generalmente una conversación entre dos individuos. Sin embargo, en este caso, los individuos no tenían que hablarse cara a cara, ni tampoco en voz alta. El suyo fue, más bien, una correspon-

[12] Pablo Neruda, *Memorias, ibid.,* p. 365.
[13] Pablo Neruda, *Memorias, ibid.,* p. 363.
[14] Luis Droguett, "Glosas a la Crítica de Lucila Godoy", *Pro Arte,* Edición en Homenaje a Gabriela Mistral, Premio Nacional de la Literatura, Edición 142, Año IV, Santiago de Chile, viernes 31 de agosto de 1951, p. 4.
[15] Pablo Neruda, *Memorias, ibid.,* p. 364.

dencia espiritual que trascendía lo inmediato, tan a menudo estorbado por las diferencias. Dijo una vez Gabriela que ella nunca olvidaba un desaire. Siempre guardaba rencor. Pero, en cuanto a Neruda, ella supo ponerlo a un lado, si es que lo sentía, para reconocer su valor perdurable. Gabriela Mistral ayudó a Neruda, lo recomendó y expresó verdadera admiración por él, pues comprendía su mutua correspondencia.

Así también Neruda se dio cuenta de la básica armonía de sus dos voces. Cuando murió Gabriela en 1957 escribió él:

(Gabriela Mistral) ha dado una gran lección de poesía con su obra y con su vida... ¡Después que pasen todas las ceremonias, iré solo a su tumba y dejaré una sola rosa roja! ¡Gabriela Mistral habrá comprendido! [16]

[16] Pablo Neruda en *Vea, idem.*

ESTIRPE MARTIANA DE LA PROSA DE GABRIELA MISTRAL

por Juan Loveluck

> *El que ajuste su pensamiento a su forma, como*
> *una hoja de espada a la vaina, ése tiene estilo.*
> *El que cubra la vaina de papel o de cordones*
> *de oro, no hará por eso de mejor temple la hoja.*
> *El verso se improvisa, pero la prosa no; la pro-*
> *sa viene con los años.*
>
> José Martí

Inician estas breves observaciones las palabras de Martí, escritas en 1888, porque apuntan a una verdad que la propia Gabriela Mistral corrobora: empezó a escribir prosa —buena prosa— muy tarde, después de 1920, tras sus años de México, en que descubrió esa nueva veta expresiva en la amplitud de sus posibilidades creadoras. El viaje a México, tan importante en sus aperturas hispanoamericanistas, lo debió a Vasconcelos. El hallar casa más o menos permanente para su prosa, a Carlos Silva Vildósola, que se la pidió para *El Mercurio,* en trance de colaboradora regular, desde 1922. Después de tal fecha, al abrirse la veta y aumentar el filón descubierto, la obra crece en tal dirección y se encamina generosa y abundante a varios destinos concretos: el dicho diario santiaguino, *La Nación* de Buenos Aires, *El Espectador* de Bogotá y *Repertorio Americano,* entre muchas otras publicaciones. Hasta en la errancia de sus páginas se pliega a la manera del maestro cubano, su más constante y erguida inspiración.

Son muy provisorias las observaciones que siguen debido a que no contamos con una edición de toda la prosa mistraliana, lo que hasta hoy paraliza todo intento de análisis serio y comprensivo. Congoja y apremio es para todos nosotros que las miles de páginas escritas, los centenares de artículos, ensayos, poemas en prosa y *recados* que Gabriela Mistral prodiga durante treinta años de crecer frondoso, no puedan ser aún hoy conocidos, leídos y estimados, porque hemos dejado pasar la responsabilidad de editarlos o siquiera de ponerlos juntos, al alcance de ojo y mano. Una más entre tantas tareas urgentes que aguardan al estudioso de nuestras letras, terreno erizado de necesidades, empezando por la de clasificar lo mucho que tenemos en el jardín. Acaso de esta reunión convocada por Barnard College resulte como principal y logrado fruto darle a la obra dispersa de Gabriela Mistral el decoro de unas obras completas, sin el rubor de las omisiones y las faltas de bulto que hacen imposible su estudio o difícil tasar lo que nos dejó su pluma.

Recordemos que la prosa mistraliana tiene un primer capítulo modernista, olvidable, en que dichas tercianas más o menos extranjerizantes y desidentificadoras la llevaron a imitar a Vargas Vila de modo pecaminoso y a escribir de acuerdo con lo que ella misma llamó el modo *floripondioso:* mucho perifollo, hoja y rama en tronco flaco y vacilador. En varias ocasiones la escritora se refiere al estrago que dichas deformaciones del modernismo causaron en los inicios de su creación literaria. Pero mejoró oportunamente con esa gran capacidad autorregeneradora que le era connatural, mucho antes de apestarse ella misma o de multiplicar el contagio.

En unos fragmentos autobiográficos que se guardan en la Biblioteca del Congreso leemos:

> Me tocó en la juventud el mal trance de una mala época. El romanticismo recogía su hojazón pirotécnica y reblandecida y nacía del modernismo, que no fue mucho mejor, aunque trajese bienes de adquisición y eliminación. Tal vez los de mi generación tuvimos la mala fortuna de salir de la mentira romántica para pasar a la máscara pintada de la nueva escuela.[1]

Así, entre las sacarinas de Vargas Vila y la lírica amermelada de Amado Nervo, por el cual sintió una admiración sacramental, con grado de delirio, en sus años del liceo de Los Andes,[2] estuvo muy cerca del descarrío. No se olvide, para que seamos justos al sopesar los méritos de la extraordinaria mujer, que se labra sola, contra viento y marea. Su crecimiento lejos de maestros y guías, desasistida de bibliotecas, sólo empujaba por la brasa de una voluntad teresiana y una apetencia intelectual desbordada, merece como pocos el calificativo de *heroísmo intelectual* acuñado por José A. Portuondo. Así se entiende por qué cuando escribe Gabriela su preciosa aproximación a Sor Juana Inés de la Cruz, en *Lecturas para mujeres,* está en verdad hablando de una hermana de otros tiempos, de ella misma en otro siglo y otros meri-

---

[1] G. Mistral, "Extractos de una autobiografía". Cuaderno 105, rollo J. Biblioteca del Congreso. Agradezco a Luis Vargas Saavedra la comunicación de este fragmento. Tras el modernismo vinieron los sarampiones futuristas —el crecido oleaje de las vanguardias—, otro vendaval literario que debió soportar la escritora. En su "Recado para Julio Barrenechea" hallamos este importante testimonio: "Corrimos riesgos muy grandes en el Pacífico. cuando los futurismos cayeron en alta marea sobre nuestros valles ingenuos. [...] Aquello era un furor de extranjería, una especie de rabia contra nosotros mismos. [...] Los que habíamos acogido el modernismo con el mismo frenesí, ya sabíamos cuánto tiempo tardan en pasar esas tercianas y cuántos años perdemos los indígenas en el sentido real de la palabra, en trocar la plata de nuestros cerros por las cuentas de vidrio de los viajeros." *Recados: Contando a Chile.* Obras completas, Vol. IV. Selección, prólogo y notas de Alfonso M. Escudero. Santiago: Editorial del Pacífico, S. A., 1957, p. 218.

[2] Véanse las cartas de G. Mistral a Nervo, desde Los Andes, en Juan Loveluck, "Cartas de Gabriela Mistral a Amado Nervo", *Revista Iberoamericana,* XXXV [1970], Núm. 72, pp. 495-508.

123

dianos, de su máscara o doble colonial: en las líneas del rostro el mismo gesto desesperado de la apetencia de conocer e indagar.

Invoquemos, para que se afiance nuestro respeto por la forma en que la escritora cuidó y pulió su destino, una formación epocal minada o limitada —sobre todo para la mujer— por formas plurales de carencia: niña de provincia pobre y semiabandonada, Lucila Godoy crece en la tajadura de sus valles (en la *quijada de la cordillera,* como·dijo ella con su modo verbal intenso y realista) sin periódicos, sin revistas, sin libros propios ni biblioteca cercana. Así se explica su golosería ante el objeto libro, sus expresadas delicias ante lo impreso y su queja sobre las provincias aún más empobrecidas y olvidadas por la falta de bibliotecas.

De sus tierras pobres y secas, de los pequeños reinos bíblicos de Montegrande y Coguaz, la joven pasa a Vicuña; de allí expande sus operaciones a La Serena, La Cantera y Coquimbo. Ya entra en contacto con amigos generosos que le alcanzan la pequeña colección de libros que hay en todo hogar. Más tarde va a Santiago y Los Andes, donde otro es el cantar. El sobresalto del libro y la revista la hacen, por dos años, dormir horas muy delgadas. Lee, anota y subraya: costumbre de siempre para absorber e incorporar el reino vegetal de sus preferidos. Los libros que fueron sus muchas bibliotecas peregrinas revelan siempre la acotación y el subrayado o el papelillo que se deja para volver a una fuente posible. Enfila y ordena vocabularios, y varias veces, porque vive época de muchos cambios y gran revoltura de *ismos.* Así, tiene que modificar dolorosamente su piel verbal cuando comprueba la bancarrota o caída de modas y corrientes que la llaman y engañan con sus atractivos galanes.

Busca siempre la "ciencia ancha del idioma" que le enseñará la lección ardiente de Martí: y, como el cubano, la hallará en el abastecimiento doble de la página y en "algo que en el español de América va raleando y desaparece a ojos vistas: el repertorio entero de los giros idiomáticos". Tiene, pues, un valor axiomático este fragmento de su ensayo sobre los *Versos sencillos* del Apóstol: "Es verdad y no paradoja el que una sencillez magistral viene de la ciencia ancha del idioma, pues para escoger vocablos hay que poseer un tendal de vocabulario. En esto, como en cualquier otra cosa, no escoge sino el que posee mucho, el que tiene delante el arca de Creso." [3]

Sale Gabriela Mistral de Chile y va a México, donde empieza a codearse con el influjo más poderoso que estilo alguno ejerció sobre su escritura: el de José Martí. Este pone en su mano doble don: el *nuestroamericanismo,* la devoción a lo propio, el infatigable indagar en la condición mestiza; y una concepción de la escritura-prosa en que la búsqueda sin fatiga de la originalidad expresiva la hace tan creadora como el ejercicio del verso. Si Chocano, Nervo y Vargas Vila la extraviaron un día, será la obra martiana —poesía y prosa— la que la devuelva al camino.

No todo viene de las lecturas, sin embargo. Hay algo muy importante

---

[3] "Los *Versos sencillos* de José Martí", en la *Antología crítica de José Martí,* ordenada por Manuel Pedro González, p. 259.

que se trajo la niña de sus cerros y planteles; sumado al regalo martiano, o potenciado por él, nos explica la mutación y el enriquecimiento que le vienen. Y eso es lo que ella aprendió en sus quebradas y reinos de infancia, fue lo que vino de bocas y labios que oyó contar: la oralidad, el cuchicheo que en las tardes provincianas se enciende en cuentos y narraciones. De la seca vasija mediterránea de los cerros de Elqui extrajo lo mejor del fruto verbal vivo.

Que tenga sabor de coloquio y que acentúe su carga de conversacionalidad parece haber sido preocupación que Gabriela Mistral echó sobre su prosa de manera abundante. Es virtud que a menudo alaba en otros y concepto que siempre hace revolotear cuando teoriza sobre el escribir en prosa. Que la prosa se aproxime a lo que decimos y posea ese sumo regalo de *oralidad* es, pues, dominante voluntad en la escritora. Cuando uno le oye, en discos y grabaciones, el dejo rural y los tonillos y sonsonetes elquinos y *ahuasados* que nunca dejó de la lengua, es posible que todo esto le vino a la autora más de lo que oyó contar por las viejas junto al fuego, de charlas de brasero, mate y tortilla, que de lo que sorbió de página y libro. (Si bien frecuentó más de los que creemos, armada de lápiz que subraya todo hallazgo y garantiza la duradera absorción. En este sentido, sus abuelos en letras son los Arciprestes de Talavera y los Bernal Díaz del Castillo y la descendencia de ellos hoy, los Rulfos y García Márquez, no los Fuentes y los Borges.)

Así, en trance de opción verbal, sacrificará siempre la cosa refinada y libresca por la adquisición viva de lo conversado, con el añadido o *yapa* —que ella diría— de cierta temperatura y abundantes gestiones de afectividad. Dirá, para nuestro júbilo, *casorio* y no *casamiento; está hecho mote* y no *destruido* o *deteriorado; visiterio* y no *visita; miaja* y no *migaja* o *cantidad pequeña; abajado* y no su forma más culta; *chivateo* y no *ruido; críos* y no *hijos,* etc., etc.

A la sana costumbre verbal de sus valles agrega, pues, la consejería martiana de servirse del arcaísmo y del neologismo cuando caen oportunos. Recuérdese aquí el famoso fragmento martiano de su tiempo de Caracas, que ella mantuvo en el primer pliego de la memoria, para servirse de él con oportunidad:

De arcaico se le tachará unas veces [...] al director de la *Revista Venezolana;* y se le tachará en otras de neólogo: usará de lo antiguo cuando sea bueno, y creará lo nuevo cuando sea necesario: no hay por qué invalidar vocablos útiles, ni por qué cejar en la faena de dar palabras nuevas a ideas nuevas...[4]

Por 1925 el culto a Martí se alía a su madurez primera y la llevará años después a reconocer en el autor de "Nuestra América" (éstas son sus palabras)

[4] José Martí, "El carácter de la *Revista Venezolana*", Caracas, 15 de julio, 1881, páginas muy importantes de la poética martiana. Cito por *Obras Completas,* t. 7, La Habana: Editora Nacional de Cuba, 1963, p. 212.

al escritor que es el maestro americano más ostensible en mi obra, según leemos en *La lengua de Martí.*

En viva consonancia con tal reconocimiento, la devoción martiana deja en la obra crítica, periodística y creadora de Gabriela Mistral un trazo ancho y generoso que se torna más intenso a medida que ella se aproxima al dominio cabal del oficio de prosista. Cuando en 1924, por encargo de la Secretaría de Educación Pública de México, publica *Lecturas para mujeres,* Martí es antologado ocho veces en la excelente recopilación, con seis prosas y un par de poemas, "La rosa blanca" y "Los héroes", ilustrativos ambos de dos líneas de poesía que ella sobrevaloraba en el Apóstol: la de la sencillez —que pedía no confundir con el primarismo— y la del filón abierto al trato de lo sobrenatural y misterioso.

Seis años después de publicar *Lecturas para mujeres,* cumple la escritora su primera peregrinación por el Caribe y tiene oportunidad de escribir y dictar su preciosa conferencia sobre la lengua poética de Martí, lujo de la exégesis del mártir cubano. El viaje por las Antillas y la convivencia apretada con los soles y la botánica de Martí nos dan otros productos no desdeñables. Dos artículos se desprenden de su ocupación martiana y son publicados en *El Mercurio,* en 1932, con los títulos "El hombre José Martí" y "El trópico y José Martí". En 1938 Gabriela Mistral ofrece una nueva e importante conferencia sobre Martí, esta vez dedicada a los *Versos sencillos,* que recoge la *Revista Bimestre Cubana* del mismo año y forma, uno después, el prólogo a la edición de los *Versos sencillos* hecha por la Secretaría de Educación.

Como ocurre en la obra de Darío, como en Martí, Gabriela Mistral no cesa ni suspende el oficio de poeta cuando ejerce la prosa.[5] Así, ésta crece de sí misma en dos direcciones: en el poema y en la construcción verbal creadora el espesor del lenguaje se abre en abanico, se multiplica y adensa en una verticalidad; el edificio semántico se enriquece de varios pisos o planos que no cubre la horizontalidad del léxico común, tal como éste se tiende en las páginas del diccionario. El otro crecimiento es la expansión de la lengua, la voluntad de enriquecerla por la vía del neologismo y la invención de palabras. Nunca repugnó a Martí esta posibilidad y acuñó casi mil neologismos, según un estudio reciente.[6] Gabriela Mistral sigue de cerca a su gran inspirador, pues, como él, crea términos nuevos, sobre todo por derivación, por adición de sufijos y prefijos a palabras preexistentes. Así, el sufijo adjetival *-dor,* clave en Martí, es el más frecuente en la poetisa, que lo prodiga para saltarse cláusulas relativas con el ancla de su *que: nombrador, reprendedor, espejeador, desnudador, ayudador, completador,* etc. La para-

[5] En tal sentido, es certero el breve juicio de Pablo Neruda: "...su prosa fue muchas veces su más penetrante poesía". *Confieso que he vivido. Memorias,* Buenos Aires: Losada, 1974, p. 384.

[6] Véase Alan M. Gordon, "The Neologisms of José Martí", *NorthSouth. Canadian Journal Latin American Studies,* III [1978], Núms. 5-6, pp. 199-209. Entre otras aportaciones al tema, recuérdese el estudio del doctor Rodolfo Oroz, "Sobre los neologismos en la poesía de Gabriela Mistral", *Litterae Hispaniae et Lusitanae...,* Herausgegeben von Hans Flasche, München: Max Hueber, 1968, pp. 299-316.

síntesis, frecuente en Martí cuando enmarca el término con prefijo y sufijo para extraer voz nueva, a la manera de *a-gansa-do*, es modo predilecto de nuestra escritora, en creaciones como *asalmuerado* y toda una familia de neologismos que la acompaña. Más que asaltar a ustedes con filologías que pueden resultar poco liviana en una exposición como ésta —y propias en el trabajo de erudición—, leeré algunas novedades que el oído registra bien: *bohemiada*, *desabrochado* mar Pacífico, piel *ensalmuerada*, *embelequería*, vida *operosa*, *vejestorismo*, *enanismo* mental, *forastería*, *traidoría*, *mesticería*, *albinismo* imaginativo, un *sentón* (prolongación analógica de *plantón*), *brazo gestero*, *moscardoneo* de la charla, etc.

La deuda con Martí, el diálogo constante con su texto, las respuestas a su incitación verbal vigorosa son constantes, y martiana es la idea de que la prosa ha de ser plástica, escultórica y cromática a manos llenas. Otras veces se repite el homenaje a un núcleo de ideas generadoras, como serían los comentarios, extensiones y derivaciones de una página-madre en lo ideológico —tal el caso de "Nuestra América"—; o un segmento célebre se establece en la memoria como patrón de las situaciones elegíacas. Tal ocurre con el solemne comienzo del ensayo martiano sobre Cecilio Acosta, parodiado, homenajeado y respondido copiosamente.

El modelo:

Ya está hueca y sin lumbre aquella cabeza altiva que fue cuna de tanta idea grandiosa; y mudos aquellos labios que hablaron lengua tan varonil y tan gallarda; y yerta junto a la pared del ataúd aquella mano que fue siempre sostén de pluma honrada, sierva de amor y al mal rebelde.

Y la respuesta mistraliana, a propósito de Manuel Magallanes Moure:

Ya está la cabeza tranquila de Magallanes Moure bajo los árboles del Parque Forestal. Ya se puede hablar de este hombre con cierto espacio que atempere la vehemencia del cariño...

Concluyo con una observación muy general: se inscribe la prosa de Gabriela Mistral en lo mejor de una tradición hispánica bien definida por su voluntad de anclar en lo concreto y palpable. Elude en su madurez lo que buscaba la prosa modernista en su desesperado esfuerzo de armonía, aliteración o musicalidad. Su fuerza, su aspereza robusta, como en el *Corbacho*, *La Celestina*, el recio Juan Ruiz y su *Libro*, bebe del chorro popular, que se alía al cultismo cuando es necesario —sin nupcias duraderas—, a la figura etimológica del *don donador* y el *abismo abisal* (un crítico predica, por lo último, que no sabía latín): que inventa o se abre un rumbo nuevo cuando tiene conciencia de límite o palpa una angostura.

No hay tiempo para preguntarnos en esta breve comunicación qué efecto tuvo este modo creador de Gabriela Mistral en Chile y el resto de Hispanoamérica entre 1925 y 1950, si bien sabemos que dejó estela generosa aquí y allá.

* * *

Quisiera terminar con una acción muy simple: la de leer tres retratos creados por la escritora para instalar en el aire de esta sala tres muestras de su prosa. En ellas podréis aquilatar, pululante, toda una rica tradición que conviene armoniosamente con el poderío original de una voz nuestra:

1]   Fue Silva Vildósola un hermoso varón de talla suficiente, ágil, a despecho del sedentarismo de su oficio; de un tajado perfil aguileño con el cual cortó todas las grosuras de este mundo; daba al mirar la sorpresa de unos ojos de linar belga en el mes de flor; las mejillas enjutas, sin onza de carne, eran muy vascas, y la sequedad de las facciones se acentuaba más en la boca, delgada igual que el concepto agudo que volaba de ella . . .

2]   Don Juan Francisco [González], así, como un don de donador, era por mis años de Santiago un viejo de sesenta años menudillo como un Tláloc azteca, armado sobre un mínimum de carne, según el hierro forjado que así en varilla basta y sobra. Se parecía al espino devorado de las tierras calenturientas en la talla y también en la vaina de garfios y olor, pues era a una vez punzante y tierno . . . La masa de canas, linda chafalonia cuidada a cepillo e insistencia de la mano, volvía más renegrido su rostro; eran unas canas de viejo vitalísimo, luminosas como lo alto de la ola. La quemadura de su cara lo complacía por ser la de sus frutos: la de higos y pasas, y la del dátil; y el sollamo de la mejilla bajaba a los gestos y al habla caluroso . . . Don Juan Francisco hablaba como el olivillo de la cordillera tomado de la llama; se encendía de golpe y hervía en colibríes de fuego que a más de uno le ardían las ropas . . .

3]   . . . No hay vaguedad de ensueño en las pupilas de sus retratos [los de Sor Juana Inés de la Cruz]. Ni eso ni la anegadura de la emoción. Son ojos que han visto en la claridad de su meseta destacarse las criaturas y las cosas con contornos netos. El pensamiento, detrás de esos ojos, tendrá también una línea demasiado acusada. Muy delicada la nariz y sin sensualidad. La boca, ni triste ni dichosa; segura, la emoción no la turba en las comisuras ni en el centro.
Blanco, agudo y perfecto el óvalo del rostro, como la almendra desnuda; sobre su palidez debió [de] ser muy fino el negro de los ojos y de los cabellos.
El cuello, delgado, parecido al largo jazmín; por él no subía una sangre espesa; la respiración se sentía muy delicada a su través.
Los hombros, finos también, y la mano sencillamente milagrosa. Podría haber quedado de ella sólo eso, y conoceríamos el cuerpo y el alma por la mano, gongorina como el verso . . . Es muy bella caída sobre la oscura mesa de caoba. Los mamotretos sabios en que estudiaba, acostumbrados a tener sobre sí la diestra amarilla y rugosa

de los viejos eruditos, debían sorprenderse con la frescura de agua de esa mano...

Finalizo con la cita de un piropo que recibió Gabriela Mistral de don Pío Baroja. Acostumbrado don Pío a la mujer que se calla y se somete, llamó a nuestra poetisa máxima, en un momento de agria inspiración, cacatúa americana. Corrijamos tamaño elogio: no hemos tenido en tierras de Chile ave de mejor pluma ni garganta más llena de voz y canto.

GABRIELA MISTRAL Y NOSOTROS

por Pedro Lastra

Escuchémosla hablar, roto el silencio no atinaremos a llamarla ausente.

E. LIHN, *Elegía a Gabriela Mistral*

El título original de este simposio —"Presencia y ausencia de Gabriela Mistral"— me ha llevado a modificar mi proyecto inicial, que consistía en algunas reflexiones sobre su prosa. Lo sugestivo de aquel título me induce más bien al testimonio, parcela modesta y ambiciosa a la vez dentro de cuyos límites quisiera sostener esa averiguación y aventurar una respuesta. Mis compañeros de generación en Chile sabrán disculpar la audacia de arrogarme una responsabilidad que nadie me ha encomendado.

Prescindo de ciertos supuestos, que la naturaleza de estas notas hace innecesario recapitular. Por ejemplo, el de la particular situación de la obra de Gabriela Mistral en el proceso de la poesía hispanoamericana. Sobre esto hay alguna bibliografía útil, y bastará citar el reciente libro de Guillermo Sucre para despejar el campo.[1] Repetiré también esta evidencia: su obra compromete una zona de amplitud considerable en ese espectro que la crítica, entre nosotros, suele observar oblicuamente. Si se descuentan los escasos trabajos válidos del número de homenajes de los *Anales de la Universidad de Chile* (1957), uno o dos libros o ensayos posteriores, se verá que el estado de la cuestión no puede ser más penoso.

No es improbable que una especie de canonización superficial[2] sea la causa de esas postergaciones o parálisis: las exterioridades son perturbadoras, como se sabe, y terminan por esconder o distanciar el objeto que glorifican. Por eso urge buscar esta presencia en otra región más oculta y sólo atendida hasta ahora, según creo, por los poetas chilenos.

Reduzco, pues, el espacio para reseñar un aspecto de lo mucho que ha ocurrido entre nosotros y Gabriela Mistral. Y menos para deducir el ca-

---

[1] *La máscara, la transparencia.* Ensayos sobre poesía hispanoamericana (Caracas: Monte Ávila Editores, C. A., 1975).

[2] "En su país es venerada como una santa", anotó Manuel Rojas con alguna ligereza, pero no del todo exenta de verdad, en su antología *Esencias del país chileno.* Poesías (México: Universidad Nacional Autónoma de México, 1963), p. 117.

rácter germinante de aquellas relaciones desde su práctica poética que de otra cantera casi inobservada todavía: la del oficio mistraliano que podría llamarse periodístico, si esa designación no fuera tan mezquina para hacerle justicia a su ejemplaridad. Ese "costado", como diría ella misma, de la tarea dispersa cumplida en el libro pedagógico, en diarios y revistas de toda Hispanoamérica, desde el *Repertorio Americano* de Costa Rica hasta *La Nación* de Buenos Aires, y que desembocaba en la prensa chilena, es el otro camino que deberíamos trazar y recorrer con cuidado alguna vez: porque fue una actividad vinculadora, a la medida de sus fervores americanistas, pero fue también una permanente lección literaria.

Desde este punto de vista me interesan declaraciones como la del escritor mexicano Juan José Arreola, que en sus diálogos con Emmanuel Carballo recuerda una deuda temprana con Gabriela Mistral, referida a un libro inadvertido o simplemente relegado a ese limbo escolar descrito con gracia por Fernando Alegría en las primeras páginas de *Genio y figura de Gabriela Mistral*.[3] Se trata de *Lecturas para mujeres,* editado más de una vez en México, en España, en El Salvador; nunca en Chile. Sin duda nos hubiera hecho bien, y en un tiempo oportuno, como le sucedió a Arreola:

> En *Lecturas para mujeres* [...] conocí un poema admirable de Julio Torri [...]. También leí en la infancia un texto de Francisco Monterde al que le debo muchas enseñanzas [...]. Allí también venían poemas de Ada Negri. [...] Me gustaría que un día hojeemos juntos el libro de María Luis Ross —*El mundo de los niños*—, el de Agel Gámiz y *Lecturas para mujeres*: allí están las bases de mi cultura literaria.[4]

Nuestros primeros encuentros con Gabriela Mistral fueron de otro orden, algo más directo: sus poemas incluidos en los textos chilenos nos aproximaban a ella, pero de un modo ambiguo, en un claroscuro de cercanías y lejanías. Experiencias semejantes registra el "Retrato" de *Genio y figura*..., pues esas impresiones acaso no varían demasiado de la generación del autor a la nuestra.

La presencia estaba ahí, sin que nos diéramos cuenta de su imperio. Pero hacia 1950 —pocos años antes o pocos años después— ya casi lo sabíamos. Hoy releo los libros de los poetas de mi generación (Enrique Lihn, Alberto Rubio, Efraín Barquero, Miguel Arteche, Armando Uribe, Alfonso Calderón, Jorge Teiller; más acá, Oscar Hahn, Foridor Pérez, Manuel Silva, Gonzalo Millán) y descubro en ellos ciertas señales de la mejor lección mistraliana: de esa que deslizó subterráneamente y que se aposentó en la memoria de sus jóvenes lectores, transformándose allí —de manera imprecisa— en la palabra de la insistencia y de la invitación a los ejercicios del rigor.

Enrique Lihn advierte en su prólogo al libro de Oscar Hahn cómo "La

[3] Buenos Aires: Editorial Universitaria de Buenos Aires, 1966. Véase el capítulo titulado "Retrato", pp. 10-17.
[4] Emmanuel Carballo, "Juan José Arreola [1918]", en *Diecinueve protagonistas de la literatura mexicana del siglo XX* (México: Empresas Editoriales, S. A., 1965), pp. 392-393.

madurez poética de la Mistral [...] marca el lenguaje poético de un casticismo que luego ha resultado —como en su caso— productivo para la poesía moderna hispanoamericana".[5] En efecto, eso es evidente y ocurre en un nivel profundo de la escritura, que no es el del refraseo formulario o el de la mera "puesta al día" de los lugares expresivos y temáticos ajenos: el libro de Oscar Hahn, como antes el de Rubio,[6] es una prueba inmejorable del acierto de la observación de Lihn. Y otras lecciones suyas se nos revelan ahora como fundamento de una intertextualidad más amplia, extraña al capítulo denominado "estudio de fuentes" porque trasciende la recurrencia a una determinada manera de la configuración o de la palabra poéticas, a determinados motivos, y define una conducta o contribuye por diversas vías a delinear las direcciones de una literatura. Desde luego, sobra insistir en que tales direcciones (nunca serán últimas) resultan de la confluencia de una suma de fuerzas, cuyo examen compete a la historia literaria. Yo sólo quiero insinuar cómo operó en esa suma el magisterio de la Mistral.

Guillermo Sucre señala la "austeridad" como signo de su poesía, "el gusto por un estilo seco, sin adornos, aunque a veces barroco", y agrega que en *Tala* "la sequedad de su lenguaje" es más sutil, pura e invertida que en su obra anterior. Otra opinión compartible con respecto a *Tala*: "El suyo es el don del reconocimiento y de la memoria: volver a descubrir en las cosas el tejido de símbolos (en este caso, cristianos) que ellas encierran." Y una última, que lo es menos y cuyo sentido me intriga: su don, dice, "no es el de las metamorfosis: aventurarse en la materia y hacer que ésta viva verbalmente en el poema".[7] Me pregunto si esta carencia ocurre de veras en Gabriela Mistral.

Pero regreso a mi propósito, para el cual las notas de Sucre me sirven de apoyatura. Porque se trata de mostrar, fugazmente, cómo aquellos valores, y también otros, por supuesto —la incitación a la aventura que reconocemos en la felicidad de su búsqueda verbal—, fueron dándose a la conciencia de los escritores chilenos de los años 50. Muchos estímulos los atraían, sin duda, y algunos tan poderosos que podían ser incluso anuladores; pero en este punto es precisamente donde veo la acción de la buena advertencia mistraliana, diseminada en sus notas sobre autores y libros, lugares y cosas de su frecuentación. Las antologías publicadas después *(Recados: Contando a Chile* [8] y *Páginas en prosa* [9]) recogen sólo una parte de lo que hemos conocido: así y todo es posible seleccionar de allí un muestrario de sus preferencias

---

[5] "Arte del *Arte de morir*", en Oscar Hahn, *Arte de morir*. Poemas (Buenos Aires: Ediciones Hispamérica, 1977), p. 14.

[6] Alberto Rubio, *La greda vasija* (Santiago de Chile: Carmelo Soria Impresor, 1952).

[7] *La máscara, la transparencia*, pp. 70, 71, 72.

[8] Gabriela Mistral, *Recados: Contando a Chile*. Selección, prólogo y notas de Alfonso M. Escudero, O.S.A. (Santiago de Chile: Editorial del Pacífico, S. A., 1957), 274 p. Los fragmentos citados —con excepción de los que indico en la nota 9— proceden de esta obra.

[9] Gabriela Mistral, *Páginas en prosa*. Selección, estudio preliminar y notas de José Pereira Rodríguez. Edición dirigida por María Hortensia Lacau (Buenos Aires: Editorial Kapelusz, 1962). Los fragmentos de "Cómo escribo", 1938, y "La aventura de la lengua", 1947, provienen de la segunda edición de este libro (1965, 84 p.).

exigentes y bosquejar una suerte de *cartilla* (pienso que esta palabra pedagógica no le disgustaría) que resumiera algunos de los principios que regían su quehacer y que quiso comunicarnos.

En esas notas dictadas por su entusiasmo se disimulaban las líneas (a veces una frase) que iban más allá del objeto específico de su comentario, en busca del "oído recogedor" en el que clavarían su resonancia. Porque bajo la cobertura de lo anecdótico o circunstancial, en el estrato en que realmente se afirmaba, bullían los fermentos de su empeño por alejar a sus paisanos de "los estilos derrengados" y de "la congestión cordial".

He aquí algunas de esas líneas o frases que confirman desde otra ladera la potencialidad productiva de su escritura indicada por Lihn; me limito a registrarlas en un inventario provisorio, pero no apresurado, tal vez porque así las recibimos en el proceso de leer y releer lo que nos ofrecía como la tradición inmediata:

Sobre la austeridad expresiva, la aventura verbal y advertencias contra el énfasis:

[...] la banalidad en que se anega la poesía americana [...] *(Nuestros poetas*, 1925).

Prado [...] ha civilizado nuestra prosa descuidadísima *(ibídem)*.

[...] frase objetivamente enjuta [en Alfonso Reyes] ("Gente nuestra: Francisco Contreras", 1927).

[Rubén Darío] el hombre que nos volteó, para bien, la lengua y nos metió, no sólo en la lengua, sino en los nervios de la raza, finezas que desconocíamos *(ibídem)*.

La poesía de Mondaca nació bajo la norma de la intensidad, que es la cualitativa [...]. Asco del énfasis poético sentía Mondaca y escribía con los dientes apretados, de voluntad antirretórica ("Gente chilena: Carlos Mondaca", 1929).

[...] es grato hallar en nuestros pueblos una rica provisión de ideas, incluso en la poesía; tanto pecamos por la congestión cordial, de que habla Alfonso Reyes ("Pedro Prado, escritor chileno", 1932).

Yo le conocí entre sus noblezas la de una acérrima dignidad del lenguaje [...] ("Hombres según el espíritu: el almirante Fernández Vial", 1932).

[...] el nombre devolvedor de las cosas ("Ruralidad chilena", 1933).

[A propósito de Eduardo Barrios] ... nuestros novelistas generalmente sabían urdir buenas tramas, pero escribían en estilos bastante derrengados. Hay en él un acérrimo decoro de la lengua [...]. Con demasiada rapidez la generación siguiente a la nuestra ha olvidado la lección que de él tomó en cuanto a la depuración de una prosa chilena más o menos basta [...] ("Recado sobre tres novelistas chilenos", 1935).

[...] la liberación de la poesía, por la reforma poética, de anchas consecuencias, de Vicente Huidobro [...] ("Recado sobre Pablo Neruda", 1936).

Es preciso recordar el empalagoso almacén lingüístico de "bulbules", "cendales" y "rosas" en que nos dejó atollados el modernismo segundón, para entender esta ráfaga marina asalmuerada con que Pablo Neruda limpia su atmósfera propia y quiere despejar la general *(ibídem)*.

He cobrado el disgusto y el desapego de mis poesías cuyo tono no es el mío por ser demasiado enfático. No me excuso sino aquellos poemas donde reconozco mi lengua hablada, eso que llamaba don Miguel el vasco la "lengua conversacional" ("Cómo escribo", 1938).

[Se refiere al pintor Juan Francisco González] Por el anticondorismo [y define en nota: *Condorismo: énfasis literario*] ... él se paraba en un camino para hacernos volver la cara hacia un montoncillo de piedras [...] ("Recado sobre el maestro Juan Francisco González", 1944).

[...] la idolatría de las palabras, que es nuestro pecado original [...] ("Recado sobre la chinchilla andina", 1945).

[...] no soy ni una purista ni una pura, sino una persona impurísima en cuanto toca al idioma. De haber sido purista, jamás entendiese en Chile ni en doce países criollos la conversaduría de un peón de riego, de un vendedor, de un marinero y de cien oficios más. Con lengua tosca, verrugosa, callosa, con lengua manchada de aceites industriales, de barro limpio y barro pútrido, habla el treinta por ciento a lo menos de cada pueblo hispanoamericano y de cualquiera del mundo. Eso es la lengua más viva que se oye [...] ("La aventura de la lengua", 1947).

Toda obra asistida a sutileza [...], sea cuento, poema o cuadro, me entrega una fiesta doblada porque no abunda —apenas asoma— la sutileza en cuanto hicimos y hacemos ahora ("Recado para Inés Puyó sobre unas «flores»", 1948).

[...] la saludable sequedad de su lengua y [...] su repugnancia del lugar común y del sentimentalismo sacarino de nosotros [...] ("Algo sobre González Vera", 1950).

Acerca del trato con las materias y la contemplación imaginativa del mundo y del contorno propios:

[...] escribiendo, o viviendo, las imágenes nuevas me nacen siempre sobre el subsuelo de la infancia; la comparación, sin la cual no hay pensamiento, sigue usando sonidos, visiones y hasta olores de infancia, y soy rematadamente una criatura regional [...] ("Breve descripción de Chile", 1934).

[...] posee la mirada eficaz, la fantasía batidora; el demiurgo que nos hace le labró el ojo recogedor y el otro que está más adentro y que es el "transformador" ("Joaquín Edwards Bello", 1934).

Neruda ha hecho una especie de redención de la raza en este aspecto de nuestro albinismo imaginativo; ahora los novelistas tienen que llevar al mismo nivel de esa vindicación poética la fábula en prosa. Háganlo y estaremos en regla con el continente, al cual corresponde un destino de imaginación y emotividad ("Recado sobre el mar y sobre un contador del mar", 1935).

[...] el único lado que yo no le detesto al Romanticismo [es] el uso y abuso de la nostalgia. [...] La nostalgia da al poeta (y al decir contador hay que entender también poeta) una nobleza particular y un pulso delicado para el trato de los materiales *(ibídem)*.

Infancias; ésas debiéramos escribirlas todos ("Joaquín Edwards Bello, 1934).

Espíritu de rigor y exigencia de ascetismo. La patria del escritor:

Yo miro a este hombre débil que en su madurez quiere trabajar bajo el signo de Balzac, y le siento el contagio de los escritores franceses, ejemplarmente laboriosos [...] en los cuales la literatura es verdaderamente un oficio [...] ("Gente nuestra: Francisco Contreras", 1927).

El exitista es un sensual siempre y quiere que la obra le regale con halago de oído, de vista y de tacto [...] ("Gente chilena: don Juan Enrique Lagarrigue", 1929).

[...] tampoco se abandonaba [...] a eso que llaman la inspiración y que puede llamarse la tontería envalentonada ("Una biznieta de don Andrés Bello: Rebeca Matte de Iñiguez", 1930).

Escribir [...]. Es la sensación de haber estado por unas horas en mi patria real, en mi costumbre, en mi suelto antojo, en mi libertad total ("Cómo escribo", 1938).

Dejo hasta aquí esta larga teoría de citas, no sin excusarme e insistir en esto: entiendo que cada cual se hace o se ha hecho su *cartilla* mistraliana a la medida de sus inclinaciones, de sus necesidades y hasta de sus contradicciones. Yo digo que esta es la mía, "corregida y disminuida" para los efectos de esta exposición. Me gusta imaginar que, en sus líneas generales, varios de mis compañeros tal vez la suscribirían.

LECTURA DE TALA

por Emir Rodríguez Monegal

Es casi imposible reconstruir hoy el impacto que pudo haber tenido —y que, enfáticamente, no tuvo— *Tala* en su primera publicación, por cuenta de la Editorial Sur, de Buenos Aires, y bajo los auspicios de Victoria Ocampo, en aquel lejano año de 1938 en que la España republicana caía bajo los esfuerzos combinados del nazismo, el fascismo y la propia traición cainita de Franco. Digo, entre paréntesis, que el libro *no* tuvo ese impacto, por haber sido publicado en una editorial de poco volumen comercial lo que impidió su circulación. *Tala* no habría de ser realmente leído hasta 1947, fecha en que la segunda edición es publicada por la Editorial Losada (entonces una de las más importantes del continente) en su colección Poetas de España y América, que dirigían Amado Alonso y Guillermo de Torre. Pero entonces el libro tuvo otro contexto.

En 1947, no sólo España había caído en manos de Franco; el mundo entero había salido de una guerra que si bien obliteró a Mussolini y a Hitler, abrió paso a otra guerra más terrible, entre los dos mayores vencedores, que hoy todavía se está combatiendo. El libro de Gabriela Mistral, cuya primera edición había sido donada íntegramente para los niños vascos, perdidos por el mundo, salía ahora protegido por la publicidad de una casa importante y por la publicidad, no menos eficaz, de haber ganado su autora el Premio Nobel de Literatura 1945, el primero en ser concedido a un latinoamericano.

Reconstruir, entonces, la hipotética lectura de *Tala* en 1938 es casi imposible. O, por lo menos, lo es para mí, porque yo leí el libro unos años después. En realidad, hasta el Premio Nobel, Gabriela había sido para mí la Gabriela de *Desolación* y *Ternura*. Nacido en un pueblo de la frontera del Uruguay con el Brasil, en una familia de poetas provincianos y maestras rurales, mis patrones literarios eran unos tíos que leían mucho pero no siempre sabiamente. Mi abuelo, el viejo Monegal, era librero, imprentero y dueño y director de un periódico con el severo título de *El Deber Cívico*. La poesía entraba en casa por mano de mis dos tíos, Cacho (que era postmodernista y santoschocaniano) y Pepe (que había vivido en España en los años veinte y hasta había conocido a García Lorca). Pero la gran poesía, la poesía que se recita y canta, estaba en boca de mi tía Guadiela que no se cansaba de repetir "Los sonetos a la muerte". Cuando yo tenía dos años nos fuimos a Montevideo y mucho más tarde a Río de Janeiro, pero como tía Guadiela nos acompañó a la capital uruguaya, mi niñez siguió sonora de los versos de Gabriela, y de los de Delmira, María Eugenia, Alfonsina y todo el repertorio de Berta Singerman —de la que era remota discípula mi tía.

Cuento esto para subrayar no mi biografía sino un hecho de la vida literaria de América hispánica en los años que preceden inmediatamente a la publicación de *Tala:* la imagen de Gabriela Mistral que circulaba por el mundo de los lectores hispanoamericanos, la imagen viva en la voz de quienes la sabían de memoria y de memoria la transmitían, era la imagen de *Desolación* y *Ternura.* Era la voz de una mujer dolorida y dolorosa, madre huérfana de un hijo ausente y de un amante más ausente aún; cantora de los niños ajenos; sacerdotisa de un culto pseudobudista que venía de lecturas fervorosas de Annie Besant y de Tagore, del blando Amado Nervo y del olvidado Vargas Vila. Esa mujer, esa voz, estaba tan viva en el oído de sus lectores hispanoamericanos que ningún otro acento (y menos los inauditos de *Tala)* podría superarla. Fue esa voz, esa mujer, la que ganó el Premio Nobel porque la Academia Sueca casi siempre confunde la literatura con la beneficiencia social y premia el mensaje de las obras y no las obras mismas. Fue esa mujer, esa voz, la que siguió siendo escuchada por lo menos hasta 1947, cuando la segunda edición de *Tala* hizo evidente (hasta para los sordos) que había otra Gabriela, y que esa otra Gabriela no sólo merecía un premio de *Literatura* (no de crochet y buenas costumbres) sino que era uno de los poetas mayores de América Latina, y de España naturalmente, porque desde Darío, España es una provincia poética de nuestra América: una de las primeras, es claro.

Tala, en 1938, no podía ser leído así. Pasó inadvertido aunque ya aparecían en el libro las marcas de la Gabriela trágica, no la Gabriela sentimental, la Gabriela blasfema no la Gabriela rebelde, la Gabriela suicida no la Gabriela piadosa. Esa otra mujer, la que estaba hecha del barro de América y proclamaba su mestizaje y se dejaba quemar en el fuego lento, seco, de sus versos más áridos, más luminosos, ya aparecía en *Tala* y no habría de desaparecer hasta su muerte. Es cierto que el libro todavía arrastraba en la primera parte la carga de la Gabriela de antes. Pero en las increíbles "Historias de loca", en las "Materias", en algunos momentos de su canto a "América", en algunos de los "Recados", ya estaba la Gabriela que entraba a fondo en la Modernidad y colocaba sus poemas entre los deslumbrantes de Huidobro y Vallejo, y los de ese poeta más joven, Pablo Neruda, con el que tantas y tantas veces su poesía ha dialogado.

Un breve paréntesis ahora que está de moda (hasta entre chilenos) regatearle cosas al amigo muerto. Neruda aprendió de Gabriela, y él lo ha dicho varias veces y con toda su voz. Pero Gabriela aprendió de Neruda como lo prueban las "Materias", de *Tala,* que hacen eco a los "Cantos materiales", de *Residencia*. Es hermosa esa intertextualidad de la poesía chilena y hay que subrayarla ahora que pequeños diligentes partidarios del chilenísimo poeta Tal por Cual, tratan de achicar a Neruda. Cierro el paréntesis para no perder (como decimos los gauchos) *pólvora en chimangos*.

Tala, pues, en 1938, ya ofrecía la imagen de una Gabriela despojada de la cursilería de muchos momentos de sus primeros libros; la enemiga de esa misma hora de malos lectores que convertían su sentimiento en sentimentalismo, su metáfora de mujer estéril por voluntad de hondo rechazo a la sumisión al macho, en pena irredenta por un hombre que fue un episodio mínimo en su vida de maestrita rural. La Gabriela de *Tala* es una mujer que se planta frente al mundo y frente a América, honestamente enraizada en ese valle de Elqui donde abrió los ojos a la vida, situada en el regazo de una madre que nunca habría de morir para ella, hablando con acentos bíblicos desde el vacío deliberado de su vientre, y habitada por los fantasmas del amor trágico por su sobrino e hijo adoptivo que, al suicidarse, mató la única pasión insatisfecha e inaceptable de su vida: la maternidad. (No se negó a la carne, no. Tuvo otras pasiones, secretas, pero de eso no me toca hablar ahora.)

Tala, libro trágico y luminoso, libro en que también está la Gabriela cortesana. Es decir: la mujer profesionalmente huraña y silenciosa pero que sabía encantar y seducir en las cortes del mundo diplomático y académico. Plantada en sus firmes piernas de campesina, fumando como un hombre, hablando con la voz más suave y dulce del mundo, Gabriela era una hechicera. Mucho del hechizo aparece en los *Recados* de *Tala*. Por eso, *Tala* es un desmentido a la Gabriela sentimentaloide que fabricaron los lectores de sus primeros libros —el personaje que reaparece en estudios que ostentan títulos como *La divina Gabriela* (ella que era demasiado humana) o *Gabriela Mistral, rebelde magnífica* (era ella revolucionaria, no rebelde) o "Alma y poesía en Gabriela Mistral" (cuando ella jamás cesa de hablar de la carne y del barro de que estamos hechos todos).

La Gabriela que surge en *Tala* ya no es para los patios de recreo de las escuelas. Es para leer cuando el mundo entero se sacude, cuando algo irreparable ha acontecido y cuando el alma de la carne desgarrada clama por un momento de amor, o de lucidez, o de simple humano respirar. Esa Gabriela es la que justifica no sólo el Premio Nobel (que nunca se podrá justificar mientras los académicos suecos no aprendan a leer literatura) sino justifica que se la lea y siga leyendo en voz alta y para siempre.

De esa Gabriela quiero leerles a ustedes hoy un poema, uno de los más misteriosos y trágicos que ha dejado. Se sabe que fue escrito a la muerte de Juan Miguel, muchacho de 17 años, hijo bastardo de un hermano de ella, que Gabriela había recogido y criado como suyo. El muchacho se suicidó por causas que aún hoy no son claras y que Gabriela (en una carta delirante escrita poco después de su muerte) era incapaz de localizar: drogas, un amor exigente de una mujer mayor, la burla de sus compañeros de clase porque era extranjero, impotencia, quién sabe. El poema es sobre él, pero es sobre todo sobre ella. Es uno de los poemas más trágicos de las letras hispánicas. Se titula, adecuadamente, "El fantasma".

NOTA

Para este trabajo he manejado las ediciones siguientes de *Tala* (Buenos Aires: Lasada, 1947), 187 pp.; *Poesías Completas* (Madrid: Aguilar, 1962. Reedición: 1968). *Tala* aparece en las páginas 377-590. La edición estuvo a cargo de Margaret Bates y lleva un prólogo de Esther de Cáceres: "Alma y poesía de Gabriela Mistral", pp. xv-xc.

Para detalles biográficos y juicios "críticos" de la época, véase el libro, algo reticente, de Fernando Alegría: *Genio y figura de Gabriela Mistral* (Buenos Aires: Editorial Universitaria, 1966), 191 pp. Alguno de los peores excesos de la cursilería crítica sobre Gabriela son citados por Alegría, con bastante sentido del humor.

HIMNOS AMERICANOS Y EXTRAVIO: "CORDILLERA" DE GABRIELA MISTRAL

por Cedomil Goić

Tala es en el conjunto de la obra poética de la Mistral su libro más notable, el más original y el que mejor singulariza su voz poética. A diferencia de *Desolación*, que se caracteriza por la oposición a la afectación modernista y que registra los primeros atisbos de su conocimiento de la poesía de vanguardia, *Tala* está de lleno dentro de las formas de la poesía contemporánea con rasgos absolutamente inconfundibles. Las diferencias entre la poesía moderna y la contemporánea definitiva asumidas. Una es poesía sencilla por su adhesión a una lengua hablada y formal. La otra es una poesía cuya lengua poética se mueve cerca de la invención, de la contradicción y la imagen alejada, fuerte o visionaria. En ésta la lengua es más cercana todavía a la lengua colonial y aun a cierto dialectismo rural y en numerosos casos entrega a la invención verbal. Entre las diferentes secciones de este libro que contiene lo mejor de la poesía del idioma nos interesa analizar uno de los poemas de la sección América que encierra sus famosos himnos.

"CORDILLERA"

El segundo de los dos himnos que abren la sección América es "Cordillera". Esta es una composición de 14 estrofas o grupos estróficos de un número variable de versos predominantemente de 10, pero también de 8 y de 14 líneas. La rima es romanceada, esto es, sólo riman los versos pares con rima asonante -a-a. El metro es eneasílabo, es decir, de nueve sílabas, con algunas irregularidades que comienzan con el primer verso de sólo ocho sílabas.

LA ESTRUCTURA DEL HIMNO

El poema es un himno, pues canta con emoción entusiasmada la alabanza de una entidad numinosa, de un ser divino. Desde el punto de vista del discurso, el lenguaje apostrófico, esto es, el estar dirigido el poema en una ferviente apelación a un tú sagrado, pone los rasgos distintivos de esta forma lírica. Como muchos poemas de la Mistral en éste la alabanza de lo sagrado constituye una forma ritual, comparable a otras como la súplica, la bendición, el conjuro, etc.

En un poema de su extensión, "Cordillera", presenta varias partes diferenciables por la orientación del poema. La alabanza es, sin embargo, su forma dominante y ella es la que define el género del poema.

La cordillera es vista como una divinidad, renovando los viejos mitos telúricos indígenas, y no simplemente como un gigantesco fenómeno orográfico o del relieve. Se producirá entonces por la vía poética una desrealización de sus contornos objetivos para adquirir otros en que el principio de semejanza hará posible su representación en una imagen arquetípica: Tellus Mater, la Tierra Madre. La imagen de lo materno desplegará así sus rasgos o notas distintivas acompañada de la visión supuerpuesta de lo divino. Esta no se construye ya sobre el principio de semejanza sino sobre el contradicción, violentando este principio en una concordancia de los contrarios, en una *concordia discors*.

Quien canta a este ser numinoso es un hablante colectivo, un coro indio americano. En este sentido el poema se afirma en un indigenismo esencial que define lo específicamente americano frente al mundo europeo, el proceso del himno señala qué normas regulan el encuentro del coro con la divinidad. Es de señalar que en este himno como en el que le precede "Sol del Trópico", se produce en un hablante lírico igualmente colectivo una ruptura, por la imprevista irrupción de una voz individual y femenina, entre los versos 69 y 78. La aparición de este hablante aparece justo para interrumpir la alabanza que se ha extendido de la primera a la sexta estrofa. De allí adelante hablan los hijos de su incertidumbre y de sus culpas, la de hijos que no siguen el mandato de la madre. A partir de la octava estrofa se canta el reconocimiento de los signos que marcan el retorno a la fe olvidada. Sigue a ella la confesión del extravío colectivo, alejamiento del origen común y verdadero. En seguida se desarrolla la euforia por la fe y la comunidad recobrada, la auténtica repristinación del mito. A esto siguen dos súplicas en sendas estrofas: una, por la integración de los americanos y, otra, por la expiación y el deseo de purificación que limpie de las faltas y extravíos cometidos. El himno termina con una "letanía arrebatada", pura alabanza extática y conmocionada del coro que canta la alegría y la reverencia de la divina cordillera madre.

LA TIERRA MADRE

Las seis primeras estrofas del himno desarrollan los diferentes rasgos distintivos de la imagen arquetípica de la Madre Tierra, de la cordillera como divinidad materna, como mito.

La primera estrofa entrega principalmente notas de la Madre como *procreadora*, en este caso como madre que engendra hijos de su misma carne, de piedra, de metales, imagen que se reafirma en otros momentos del poema:

> Cordillera de los Andes,
> Madre yacente y Madre que anda,
> que de niños nos enloquece
> y hace morir cuando nos falta;
> que en los metales y el amianto
> nos aupaste las entrañas...

Versos en los que queda afirmada desde el comienzo la esencial dependencia de hijos y el temor y temblor que sin contradicción la acompaña.

Guiadora y nodriza, la que nutre, aparece en la segunda estrofa desplegando esta nota entre modos que funden lo brutal y lo tierno:

> y nos lleva, pecho con pecho,
> a lo madre y lo marejada,
> a maná blanco y peán rojo
> de nuestra bienaventuranza.

Los alimentos fundamentales son metafóricamente indicados nieve y cobre asimilados como alimento celestial o providencialmente otorgado.

Guiadora y educadora de sus hijos, sustentadora y portadora de ellos se muestra en la tercera estrofa, lugar en donde se define además el número de sus hijos, los siete pueblos andinos de la América del sur:

> Caminas, madre, sin rodillas,
> dura de ímpetu y confianza;
> con tus siete pueblos caminas
> en tus faldas acigüeñadas...

La cuarta estrofa muestra la belleza y ornato de su cósmica hechura que imita las formas de la mujer:

> Viboreas de las señales
> del camino del Inca Huayna,
> veteada de ingeniería
> y tropeles de alpaca y llama,
> de la hebra del indio atónito
> y del ¡ay! de la quena mágica.
> Donde son valles, son dulzuras;
> donde repechas, das el ansia;
> donde azurea el altiplano
> es la anchura de la alabanza.

El dibujo viboreante del camino del Inca y de las construcciones incaicas que ponen vetas en su cuerpo junto con los rebaños; el equivalente viborear de la quena que toca el indio y de la hebra de sus tejidos, son estos adornos, aderezos para su belleza. Las formas de sus diversos espacios, valles, repechos y altiplano, son las formas provocantes de su cuerpo hermoso.

Esta realidad materna no es sólo bella sino también amante y establece eróticas relaciones con los hombres. Las infusiones estimulantes de sus frutos o plantas son sus excitantes manifestaciones. Se ve a sí misma como fecunda y como consciente del erotismo de su cuerpo y de sus bestias y representa al mismo tiempo como en la visión de Goethe el amor como fuerza dinámica y dominante, pero aquí con la bárbara violencia telúrica de América en figuras de avalancha o corriente de lava. Su relación con los hombres es nupcial:

Extendida como una amante
y en los soles reverberada,
punzas al indio y al venado
con el jengibre y con la salvia;
en las carnes vivas te oyes
lento hormiguero, sorda vizcacha;
oyes al puma ayuntamiento
y a la nevera despeñada,
y te escuchas el propio amor
en tumbo y tumbo de tu lava ...
Bajan de ti, bajan cantando,
como de nupcias consumadas,
tumbadores de la caobas
y rompedor de araucarias.

La alabanza concluye con la visión mítica de la madre desdibujada en sus contornos por la contemplación nocturna y por el sueño en donde alumbra el símbolo arquetípico, réplica mítica de la loba italiana. Se redondea así la imagen materna en el símbolo mítico que representa en la conciencia profunda de los pueblos a la madre originaria. La magnitud y la forma de la cordillera condicionan algunos rasgos de la visión y multiplican su fantasmal presencia, su extrañeza y su confusa maravilla:

Aleluya por el tenerte
para cosecha de las fábulas
alto ciervo que vio San Jorge
de cornamenta aureolada
y el fantasma del Viracocha,
vaho de niebla y vaho de habla.
Por las noches nos acordamos
de bestia negra y plateada,
¡leona que era nuestra madre
y de pie nos amamantaba!

En la serie de mitos, indiferentemente europeos o americanos, por igual San Jorge y Viracocha, en el mestizaje cultural que se desliza en las imágenes de este poema, se inscribe la leona madre, réplica a su vez de la imagen itálica.

En el desdibujamiento de la niebla, medio espíritu, medio mensaje incompleto, se desliza la ambigua o grotesca de algo sagrado y tremendo. En todo ello se funda la alegría de tenerla en el registro de lo universal y humano. Revelación de que el mundo americano también pertenece a la humanidad.

COINCIDENCIA DE LOS CONTRARIOS

El carácter divino o numinoso de la cordillera se formula mediante imágenes de disyunción o contradicción *sui generis*. Tienen estas imágenes la forma de un oxímoron o contraposición fuerte de términos polares. Pero debe agregarse que a la índole de estas figuras corresponde un rasgo distintivo más. La representación de lo numinoso suscita la extrañeza de que los contrarios coexistan en una misma realidad y se defina ella por una contradicción últimamente no disyuntiva. A lo divino corresponde el modo irracional de una coincidencia de los contrarios u opuestos. Diríamos que es en los poemas el operador de lo divino o del orden sagrado. Allí donde el ser se representa como configurado por oposiciones no disyuntivas estamos ante el misterio, estamos en el ámbito de lo sagrado. El contexto del himno garantiza como norma que es de esta manera. Veamos los ejemplos destacados de estas configuraciones contradictorias.

La primera se ofrece en las líneas iniciales:

Cordillera de los Andes,
Madre yacente y Madre que anda

La misma realidad es representada al mismo tiempo como yacente y andante. Puesta al comienzo del poema debe suscitar la extrañeza y perplejidad que para mientes en la presencia del misterio.

En su modo de conducir a los pueblos se muestra igualmente insólita, pues tiene violencia y ternura al mismo tiempo:

y nos lleva, pecho con pecho,
a lo madre y lo marejada . . .

Allí lo tiernamente humano y lo cósmicamente violento se unen para definir el modo divinamente cordillerano de guiar pueblos.

Para la purificación final se piden las acciones enérgicas de dos términos contrarios igualmente constitutivos del ser numinoso:

¡Puño de hielo, palma de fuego
a hielo y fuego purifícalos!

A la misma oposición de contrarios no disyuntivos, sino integrados, corresponden las múltiples y variadas determinaciones que hacen de la numinosa cordillera, especialmente en las primeras y luego en las últimas estrofas. Estas determinaciones constituyen una serie de yuxtaposiciones contradictorias en las que entra de modo sorprendente un mestizaje cultural. Lo indígena americano se mezcla a lo clásico antiguo y a lo romántico y moderno en la configuración de imágenes ditirámbicas de la Cordillera. Así ésta es cumulativamente:

> Madre yacente y Madre que anda
> . . .
> hallazgo de los primogénitos,
> de Mama Ocllo y Manco Capac,
> tremendo amor y alzado cuerno
> del hidromiel de la esperanza.
>
> Jadeadora del Zodíaco,
> sobre la esfera galopada;
> corredora de meridianos,
> piedra Mazzepa que no se cansa,
> Atalanta que en la carrera
> es el camino y es la marcha.

El mito incaico de los hijos del Sol, para quienes es hallazgo materno; el Zodíaco fatigado por la larga carrera que hace en el círculo celeste la larga cordillera corriendo meridianos, imagen cuyo dinamismo se proyecta sobre toda la estrofa; la piedra Mazzepa paragrama del poema romántico de Byron que refiere el castigo de un jefe tártaro amarrado a la grupa de su caballo y abandonado en la estepa, para representar por semejanza, la cordillera atada al dorso del mundo pero sin fatiga a diferencia del modelo byroniano; el mito de Atalanta, la joven veloz; muestran todos juntos la contradictoria determinación del mismo sujeto con rasgos culturales variados y en apariencia incasables con lo indígena. Si lo vemos por el contrario lado, el mismo fenómeno se nos aparecerá como expresión de universalidad y como voluntad de integración en lo ecuménico y humano, afirmación y mentís del indigenismo.

Cuando en los versos finales del himno se desata la entusiasmada letanía reverencial como subidísima alabanza, se tendrá forma de esta visión múltiple completa y cerrada. Con resonancias bíblicas corre la alabanza extática:

> Te llamemos en aleluya
> y en la letanía arrebatada:
> *¡Especie eterna y suspendida*
> *Alta-ciudad — Torres-doradas*
> *Pascual arribo de tu gente*
> *Arca tendida de tu Alianza!*

Los nombres establecen y nombran lo augusto, tremendo y majestuoso en correspondencia con el sacudimiento sagrado que experimenta el coro americano. Nombra también la identificación del pueblo con su origen, fiesta de renovación de la fe. Finalmente nombra el símbolo del pacto sagrado que garantiza la felicidad del mundo andino. Todos estos nombres son un solo nombre, modos de asediar la inaprehensible esencia misteriosa de la Cordillera sagrada.

CONFESION DEL EXTRAVIO

Si se mira a la segunda parte del himno, la que se desarrolla después de la alabanza que ocupa la primera parte, y a partir de la irrupción de un hablante individual que se separa del coro y luego se integra y se identifica con él, se verá que su centro es la confesión del extravío. El coro confiesa su olvido de los orígenes de su ser, de su estirpe andina. Para llegar a ello debe reconocer la presencia materna y sagrada de la cordillera. Es lo que opera el hablante individual. Este reconoce confusamente la índole sagrada y la promesa encerrada en el enorme misterio cordillerano. La visión es imprecisa y se diría que un instinto materno o femenil le permite identificar, en la cósmica visión del atardecer andino, la imagen de la madre lacerada por la pasión pugnaz de los hijos:

En los umbrales de mis casas
tengo tu sombra amoratada.
Hago, sonámbula, mis rutas,
en seguimiento de tu espalda,
o devanándome en tu niebla,
o tanteando un flanco de arca;
y la tarde me cae al pecho
en una madre desollada.
Ancha pasión, por la pasión
de hombros de hijos jadeada.

Acompañando este reconocimiento el coro entona una letanía en la cual se dice de modo incierto la certidumbre del vínculo de los hombres y la piedra cordillerana:

¡Carne de piedra de la América,
halalí de piedras rodadas,
sueño de piedra que soñamos,
piedras del mundo pastoreadas;
enderezarse de las piedras
para juntarse con sus almas!

¡En el cerco del valle de Elqui,
bajo la luna de fantasmas,
no sabemos si somos hombres
o somos peñas arrobadas!

Después del anuncio de los tiempos que anticipa la religión de los hombres
con la sagrada fuente de su existencia, que le comunica el mensaje de su
destino ardiente, viene, propiamente, la confesión del extravío:

¡Anduvimos como los hijos
que perdieron signo y palabra,
como beduino e ismaelita,
como las peñas hondeadas,
vagabundos envilecidos,
gajos pisados de vid santa,
hasta el día de recobrarnos
como amantes que se encontraran!

Las estrofas siguientes cantan la integración de la grey andina en la alegría de la revelación sagrada de la madre que los une y les dicta un destino
unitario que es recuperación de lo que en un principio era: *Otra vez somos lo
que fuimos.* Esta euforia conduce a la súplica de unidad, primero:

Al fueguino sube al Caribe
por tus punas espejeadas;
a criaturas de salares
y de pinar lleva a las palmas.
Nos devuelves al Quetzalcóatl
acarreándonos al maya,
y en las mesetas cansa-cielos,
donde es la luz transfigurada,
braceadora, ata a tus pueblos
como juncales de sabana.

Conscientes de que la culpa es la desunión y la pugna fratricida los hombres
americanos, despiertos a la nueva conciencia religiosa, suplican ahora por la
purificación de sus males, de su separación, mediante un remedio enérgico:

Suelde el caldo de tus metales
los pueblos rotos de tus abras;
cose tus ríos vagabundos,
tus vertientes acainadas.
¡Puño de hielo, palma de fuego,
a hielo y fuego purifícanos!

El himno presenta un resorte sagrado, la presencia única, enorme y fascinadora de la cordillera, como cifra de la unidad de los pueblos de la América andina. En la cordillera magna se lee el mensaje que dicta una realización sagrada del vínculo de hombre y tierra en una sola grey, de una sola y misma madre, como condición y realización de su autenticidad, de su fidelidad a los orígenes.

Digamos, de paso, que el tema del extravío del hombre americano se liga a una vasta problemática literaria y aparece también conectado al debate sobre la originalidad de la expresión americana. Puede verse en el poema de la Mistral una excepcional respuesta dentro de lo que podrían ser las postulaciones indigenistas. Como se habrá visto, Gabriela Mistral lleva los temas más ordinarios a un plano de universalidad característico, peculiar que alcanza, en general, a la estructura de toda su obra poética.

RECADO DEL ERRANTE

por Gonzalo Rojas

Así las cosas, todo sigue siendo hallazgo en este mundo. Yo estaba el 48 en Valparaíso cuando llegó ese sobre de Veracruz: "Caro Gonzalo Rojas: hace una semana que tengo su libro. Me ha *tomado* mucho, me ha removido..." Poetas o no poetas todos fuimos recibiendo de su mano el beso caligráfico que no esperamos nunca. Es que uno no sabe. Está aquí mismo uno en Nueva York oyendo hablar de ella como cuando era niño, y no sabe. ¿Por qué la vi esa vez desde ángulo tan lento en el zumbido del Caupolicán hace ya cuarenta años, o esa otra en Valparaíso, la plaza desbordante, siempre en el vocerío con su abeja secreta para mí?

Preferible eso. Al que conoció bien fue a don Jacinto, mi abuelo de Vicuña, maestro como ella de primaria, con el latido de los Rojas al fondo, donde hasta el río Limarí y el Elqui son parientes. Con ése, sí, habló en la dignidad del valle sobre el oficio. De pastores y de hortelanos, según irían apareciendo en el monólogo; de herreros y tejedores en la gran patria pequeña; de músicos.

Patria pequeña que nos dijo como nadie cuando nos dijo:

El valle es casi un tajo en la montaña. Allí no queda sino hambrearse o trabajar todos: hombres, mujeres, niños. El abandono del suelo se ignora; esas tierras como de piel sarnosa de lo baldío o de lo desperdiciado. Donde no hay roca viva que aúlla de aridez, donde se puede lograr una hebra de agua, allí está el huerto de durazno, de pera, de granado; o está —lo más común— la viña crespa y latina, el viñedo romano y el español, de cepa escogida y cuidada. El hambre no la han conocido esas gentes acuciosas, que viven su día podando, injertando o regando; buenos hijos de Ceres, más blancos que mestizos, sin dejadeces criollas, sabedores de que el lote que les tocó en suerte no da para mucho y, cuando más, da lo suficiente; casta sobria en el comer, austera en el vestir, democrática por costumbre mejor que por idea política, ayudándonos de la granja a la granja, y de la aldea a la aldea. Y raza sana, de vivir la atmósfera y el arbolado, de comer y beber fruta, cereales, aceites y vinos

149

propios, y de recibir las buenas carnes de Mendoza, que nos vienen en arreos frecuentes de ganado. Nos han dicho avaros a los elquinos sin que seamos más que medianamente ahorradores, y nos han dicho egoistones por nuestro sentido regional. Nos tienen por poco inteligentes a causa de que la región nos ha puesto a trabajar más con los brazos que con la mente liberada. Pero los niños que de allí salimos sabemos bien, en la extranjería, qué linda vida emocional tuvimos en medio de nuestras montañas salvajes; qué ojo bebedor de luces y de formas, y qué oído recogedor de vientos y aguas sacamos de esas aldeas que trabajan el suelo amándolo cerradamente y se descansan en el paisaje con una beatitud espiritual y corporal que no conocen las ciudades letradas y endurecidas por el tráfago.

Copio larga esta cita de los *Recados* justo por el remate; porque ahí anda mucho del misterio de eso que ella pluralizó con el designio insistente de sus "infancias" o sus "niñeces"; "estabilidad esencial liberada de la gran Muerte", como pensó por su cuenta Roger Callois. Por esta pauta numinosa anduvieron siempre sus exégetas más exigentes, a la siga de su apetencia de absoluto, de su "anhelo religioso de eternidad", según Onís, entendido eso religioso como un mirar o admirar el mundo para ver y más ver.

Por mi parte, me crié oyendo hablar de ella pero no como de una diosa sino por paisana de mi gente: los Pizarro Pizarro, los Rojas Villalón, unos Alvarez por ahí y unos de la Rivera que la trataron en Tongoy o en Tamaya, en Paihuano, en Limarí, o en Cogotí o en Zorilla; o, más arriba en lo castizo de La Serena; gente mía que debió emigrar por la costa difícil desde Coquimbo a Arauco —recién entrado el siglo— a bordo del Guayacán, dejando aquellos huertos bíblicos por lo abierto y tormentoso del océano.

Así, casi simultáneamente, empezarían a bajar hacia el sur en los días del Centenario las dos vetas de mi parentela en un trasbordo apresurado por mejorar de suerte con la manía ambulatoria de los chilenos. ¿Pero qué podrían con la lluvia y los ventarrones del golfo turbulento la transparencia cálida del sol por la otra patria pequeña, áspera y estallante de Baldomero Lillo?

Piques de Millaneco y de la Amalia, de la Fortuna y Bocalemu, sólo yo me sé el horror de esos chiflones insanos con sus pulperías y sus fichas, el luto por el muerto, la viudez de mi madre, y ese invierno, ese invierno que no paraba nunca. Pero el carbón tenía que subir hasta la fundición cuprífera de Tamaya y el negocio era ése, José Pedro Urdaneta y compañía, de Coquimbo hasta Lebu, de Lebu hasta Coquimbo, leguas de agua; de aquí para allá, de allá para acá. Está escrito que la loca geografía no va con lo sedentario y exige recomenzar todo en el ejercicio nada idílico de unas marchas forzadas, como lo dijo ella en su *Chile y la piedra*. Cierto es que la clave primordial de sus visiones es la patria inmediata de la infancia como si en ella se suspendiera el tiempo —"Errante y todo, soy una tradicionalista que sigue viviendo en el valle de Elqui de su infancia." Pero la cordillera viva que fue siempre Gabriela nos enseñó la piedra fundadora como nadie. Así se lo dijo una vez a Alfonso Reyes, el mexicano de la región más transparente. "Esto de haberse rozado en la infancia con las rocas es algo muy trascendental."

Así también —hallazgo y más hallazgo— viniera a entrar yo mismo en la materia *porfiada* y *ácida* de las piedras del cuarenta y dos sin más impulso que el tirón de mi pasión, harto ya del Santiago-capital-de-no-sé-qué, como le dije tantas veces.

Y harto además del opio viejo de esas mandrágoras, más livianas de liviandad literaria que venenosas.

Algo tendría que ver en la búsqueda el llamado de los cerros donde anduvieron antes los otros Rojas míos cateadores. Lo cierto es que la Sierra de Domeyko —y ya estamos entonces entrando pedregosos por Huasco Alto— me acogió a tres mil metros como a un hijo; y yo que había andado andado tanto, buscando tanto poesía con locura en los libros, amor con locura, Dios con locura y libertad, me encontré ahí de golpe con eso que era piedra y parto al mismo tiempo, fundamento o, por lo menos, rescate de tantas cosas, y asfixia para respirar de veras, y mestizaje. Todo ello sin olvidar por un minuto el carbón original de mi roquerío suboceánico.

Porque tanteando el aire a esa altura, como por dentro, me fue dado el respiro del ritmo del que como dice la Mistral arranca todo. Pero ese arcángel no se aprende con metrónomo y mientras a ella se le entrega la luz en eneasílabo con frecuencia, en otros como en Neruda todo es resuello largo, de oleaje.

No hay peripecia como la de esos años de mi mocedad del intraexilio donde —y guárdenme las distancias— el sonámbulo se marcha definitivamente a cada uno de los rincones del país montañoso y de los valles, no por turismo sino como desnaciendo. Y no sé si hay o no lugares metafísicos como decía Breton que lo había, pero aquel viejo mineral de cobre llamado EL ORITO, con sus doscientos mineros silenciosos y ásperos por fuera, vino a darme la clave de cuanta magia crece en esos páramos, y la conducta. No todos los escasos libros que llevaría conmigo respiraron a gusto en esas cumbres: *Altazor* sí, *Residencia* sí; *Tala,* sí, tan especialmente acordes con la geometría de las estrellas y esos espacios. Leí cien veces las "Materias", la "Cuenta-mundo" no sé cuántas. Y por esos mismos días no sé si como recompensa por haber leído línea a línea el himno mistraliano "Cordillera" con veneración vi lo que vi, parto de piedra y hermosura, la vez aquella que como todas las semanas yo venía durmiendo encima de esa carga de metal, nueve o diez toneladas, para entregarlas en Freirina. A bordo del camión —porque eso de navegar por lo proceloso de los abismos pétreos no es música— iban Fernando, nuestro piloto de dos metros, y la muchacha del episodio. Muchacha extraña, aventurera como todos nosotros que iba a parir al puerto un hijo más —Eva por nombre como para convencernos del origen—, y además bellísima. Cielo azul y barrancos, sol para descuerar a los que dormíamos en lo cortante de esas escorias y —claro— el ojo àlerta de Fernando hasta el milímetro de lo sinuoso. Pero el aullido secreto iba con nosotros y necesariamente vino el parto. Ni un árbol para la sombra, ni agua otra que la del estanque sucio, ni casas para qué pensar; ni matorrales apenas. Piedras, sí: severas, finas, sigilosas, casi maternas.

Es que uno no sabe. La maravilla siempre es otra cosa, y hay que verla en su ritmo. Parió sola, echada en los peñascos y no quiso que la esperáramos ni un minuto. Todo lo más nos pidió esa agua, un cuchillo. Nos sentíamos criminales, pero qué hacer. La carga había que entregarla a tiempo allá abajo. Y pasó lo increíble: lo que tenía que pasar en la liturgia de esos páramos. La muchacha durmió tres o cuatro horas en el suelo, ató a la criatura y tranco a tranco estuvo subiendo hasta el amanecer esos cincuenta kilómetros como si nada, sin fiebre puerperal, sin hemorragia, en el ejercicio vivo de la identidad y de la majestad cordillerana.

¿Será mucho, entonces, que al volver sobre la experiencia inolvidable por demás pertinente a este diálogo mío con Gabriela, pueda uno ir repitiendo este fragmento de su "Elogio"?

Las piedras arrodilladas, las piedras
que cabalgan y las que no quieren
voltearse nunca, como un corazón
demasiado rendido.

Las piedras que descansan de espaldas
como guerreros muertos y tienen
sus llagas tapadas de puro silencio,
no de venda.

Las piedras que tienen los gestos esparcidos,
perdidos como hijos, en una
sierra la ceja y en el poyo un tobillo.

Las piedras que se acuerdan de su rostro
junto y querrían reunirlo, gesto a
gesto algún día.

Las piedras amodorradas ricas de
sueños, como la pimienta de esencia,
pesadas como el árbol de coyunturas,
la piedra que aprieta salvajemente
su tesoro de sueño absoluto.

Las piedras arrodilladas, las piedras incorporadas,
las piedras que cabalgan, y
las que no quieren voltearse nunca, igual
que corazones demasiado rendidos.

Las piedras mudas, de tener el corazón
más cargado de pasión que sea dable
y que por no despertar su almendra vertiginosa,
Sólo por eso no se mueven.

Hasta ahí las líneas rituales.

Madre yacente y madre que anda, siempre insistió Gabriela en no haber aprendido esta palabra suya libre y castiza en la fuente de los clásicos de nuestra España, "la perdedora", como se atrevió a llamarla. Y en defensa de los arcaísmos que iban con su escritura y su habla, agregó: "—El campo americano —y en el campo me crié— sigue hablando su lengua nueva, veteada de ellos. La ciudad, lectora de libros doctos, cree que un tal repertorio arranca en mí de los clásicos añejos, y la muy urbana se equivoca."

Me gusta esa rebelión como aquella otra tan sostenida y terca contra las acechanzas del postmodernismo: "¡quién puede resistir, Dios mío, la lectura de poesías semirrománticas, semimodernistas, semitodo!" Alabo su austeridad frente a las modas y las vanguardias, y su desconfianza del "experimentalismo", más cerca siempre de la impostura que del auténtico sonámbulo que se arriesga en el vacío. "No me espantan las novedades lúdicas del día —escribe a Hugo Zambelli el 48, a propósito de su muestra antológica que él llamó *Trece poetas*—. Sólo me hartan cuando la locura resulta falsa, manida, aprendida, inventada. El frenesí no puede, o no debe inventarse. Pero la marejada viva, verde blanca . . . y negra, me place: la saboreo en lo que es."

Porque sobre esto hay que entender muy claro a la Mistral. No se trata de la aversión por la aversión al cambio. También ella hizo el suyo desde su órbita originaria. Y en el segundo párrafo del "Recado a Pablo Neruda" reconoció "la liberación de la poesía, por la reforma poética, de anchas consecuencias, de Vicente Huidobro, el inventor del Creacionismo".

Y al Neruda innovador lo llama "místico de la materia", aunque se trata —como afirma textualmente— "del poeta más corporal que pueda darse (por algo es chileno)". Y más abajo, aludiendo a la originalidad liberada del gran poeta, señala: "Neruda viene, detrás de varios oleajes poéticos de ensayo, como una marejada mayor que arroja en la costa la entraña del mar que las otras dieron en brazada pequeña o resaca incompleta."

Tantas cosas y ninguna, podrá decir más de alguien de este monólogo mío con la fundadora errante. ¿Por qué no se atuvo más bien a su palabra creadora en "Cuenta-mundo", o en otro texto? No cabe la excusa académica, pues mi proyecto no anda en el aire de las investigaciones lúcidas sino en el coloquio secreto de un aprendizaje que no termina. Pensé que hablando en el juego del recado cumpliría con ella así no más en el aire, antes y después del paraíso. Porque, como se nos adelantó la Adelantada, "cuál más, cuál menos, todos andamos con la pena araucana adentro".

Eso lo dijo de nuestro Balmaceda. ¿Qué habría dicho ahora?

INDICE

Se terminó la impresión de esta obra el
día 6 de marzo de 1980, en los talleres de
"La Impresora Azteca", S. de R. L.
Av. Poniente 140 Nº 681-1, colonia
Industrial Vallejo. — México 16, D. F.

Edición de 2,000 ejemplares.